# 이번 생(生)에
## 행복한 수행자

# 이번 생(生)에
## 행복한 수행자

지광

# 차 례

## 제2장 여름 – 수행하는 삶

## 제3장 가을 – 지혜로운 삶

## 부록

## 격려사

# 추천사

# 행복한 수행자가 되길 바라며...

저자의 남편 거사는 불교에 심취하여 매주 반야암 경전교실에 나와 열심히 공부를 하고 있는 인텔리 거사다. 대학에서 강의를 하였고 요즈음은 재가거사로 모든 것을 내려놓고 마음공부 하면서 도락(道樂)을 즐기고 있다.

어느 날 거사가 전화를 하여 자기 부인이 오랫동안 불교공부와 수행을 해온 경험을 글로 써 정리해 둔 것이 있는데 이것을 이번에 책으로 엮어볼까 한다면서 내게 간단한 격려와 축하의 메시지를 전해 주십사 하고 웃는 말로 청해 왔다.

김교수 부인은 교편을 잡고 있으면서 시간될 때 경전공부를 하러 왔기에 몇 번 만난 적이 있다. 불교대학을 졸업하고 해마다 통도사 화엄법회도 참석하는 등 오랫동안 불교수행을 한 열정적인 교사로서 매우 박학다식한 면이 있다는 인상을 받았다. 특히 남방불교에 대한 관심이 높아 인도 고엔카 이야기도 하고 티베트 출신의 고승 달라이라마를 만난 적도 있다고 하였다. 그리고 위파사나 수행 경험에 대해서도 남다르게 잘 알고 있었다.

일주일 전에 같이 만나 잠시 이야기도 들어 보고 정리한 원고를 잠깐 훑어보았는데 일종의 수행 소감을 이야기한 수행일지 같다는 느낌이 들었다. 30년간 교직에 종사하면서 이렇게 폭넓은 분야에 대해 생각해 보고 자신의 내면을 들여다보면서 나름의 수행내공을 갖추기는 결코 쉬운 일이 아닌 것이다.

불교 전반에 관한 여러 경전들을 공부하며 쓴 부분 중에는 이해하고 깨달아 체화한 부분들을 메모처럼 적어 놓은 것들도 있었고, 중생제도를 했으면 하는 구름 한 조각 같은 마음도 엿보였다. 특히 과학이나 타 분야의 이야기와 불교이야기를 접목시켜 나름의 응용불교 형태의 내용을 만들어 놓은 것도 있었다.

불교 신행에 대한 견해도 가감 없이 진솔히 피력한 부분도 보이고 여러 견문에 관한 소회도 있었다. 글을 정리해 놓고도 너무 겸손하여 부끄러워하는 표정을 지으면서 이것은 단지 수행의 과정인지라 남에게 자기 자신을 그리 드러내고 싶지 않다는 점도 밝혔다.

매우 소박하게 조금의 가식도 없이 솔직담백하게 자기의
뜻을 이야기한 대목도 있었지만 다양한 독자들을 고려하여
여러 사람들이 공명할 수 있게끔 적절한 문체(文體)로 다듬
으면 훨씬 더 높은 호감을 받을 것 같다. 하지만 이것도 허
식보다는 솔직하고 간명한 표현을 좋아하는 저자의 개성적
인 면이라 생각한다면 오히려 그 점이 더 나은 반향이 될 수
있을 것이라 생각된다.

보살의 일불승을 향한 일심된 불교수행의 일환으로 이번
에 책이 발간된 것에 대해 거듭 격려·축하하며, 부부가 서
로 선지식이 되어 이끌어주고, 또한 좋은 도반이 되어, 정말
이번 생에 두 분 모두 행복한 수행자가 되길 바라마지 않는
다.

녹음이 짙어지는 날에
통도사 반야암 지안

# 특히 재가 수행자라면...

지광보살과의 인연은 20여 년 전 경주 남산 옥룡암에서부터 시작되었습니다. 오래전 시부모님의 49재 때부터입니다. 시어머니 49재 하면서 매일 지극한 마음으로 금강경을 독송하면서 부모님의 극락왕생을 기도하였습니다.

지광보살은 여느 보통의 보살님과는 좀 남다른 점이 있었습니다. 이 육신이 잠시 머무는 물체일 뿐이라는 것을 알았고, 재물에 대해서도 무상한 것이란 것을 알고 있었습니다.

지광보살은 매사에 집중하였고 불교수행에 대한 열의가 대단하였습니다. 무엇인가를 알고자 하면 묻고, 묻고, 또 묻고 의심이 풀릴 때까지 물었습니다. 그 궁금증이 풀리고, 깨닫고 또 깨달아 실천하고 또 실천하였습니다. 온전히 자유롭고 지혜 자비로운 불교 수행자였습니다. 불교에서는 이러한 수행자를 해탈이라 합니다. 그것이 바로 성불입니다.

지난 20여 년 동안 쭉 지켜봤는데, 전생에 수행을 많이 해왔던 보살이 환생한 것 같습니다. 이번 생에 틀림없이 행복한 수행자가 되리라 생각합니다.

그리고 「이번 생에 행복한 수행자」란 이 책은 불교 신자 특히 재가 수행자라면 한번쯤은 꼭 읽고 넘어가면 좋을 것이라 봅니다.

빈손으로 빈몸으로 왔다가 빈손 빈몸으로 가는 것에 무슨 미련이 있겠는가!
모든 만물과 화해하라!
올바른 수행과 행복한 수행을 많이 하고 복을 많이 짓고 가면 그대로가 극락일세!

나무시아본사 석가모니불
영천 대흥사 덕행 합장

제
1
장

봄 – 깨어있는 삶

# 고해(苦海)의 사바세계(娑婆世界)

사람으로 태어나는 순간 인간은 인생팔고(人生八苦)의 사바세계(娑婆世界)에서 살게 된다.

인생사고(人生四苦)인 생로병사(生老病死)는 태어날 때도 고통이고, 늙어도 고통이고, 병에 걸려도 고통이고, 세상을 떠날 때는 더 큰 고통이다. 인생은 만만하지 않다. 이 네 가지 고통은 인생 전반에서 느끼는 육체적 고통이다.

다음의 4가지 고통은 애(愛), 원(怨), 구(求)와 오온(五蘊)이다. 사랑하는 것과 헤어지는 애별리고(愛別離苦), 싫어하는 것과 만나는 원증회고(怨憎會苦), 구하여도 얻지 못하는 구부득고(求不得苦), 오온에 집착하는 오온성고(五蘊盛苦)가 바로 생로병사에 따른 신체적인 고통에 이은 네 가지 정신적인 고통이다.

정신적인 네 가지 고통은 배움으로 줄일 수 있다. 하지만 생로병사는 어떻게 해결해야 하는가? 생로병사의 병(病)부터 해결해야 인생의 변화가 생길 수 있다.

먼저 질병이 생기는 원인을 생각해 보아야 한다. 일상생활에서 생활습관이 병(病)을 유발하고, 정신적인 행위인 탐진치(貪瞋痴) 심(心)이 병을 유발한다. 정신적인 행위인 탐심, 진심, 치심은 팔고(八苦)의 애별리고 원증회고, 구부득고 오온성고를 일으킨다. 예를 들면 애별리고는 사랑에 대한 탐심이다. 원증회고는 바로 진(瞋)인데 증오(憎惡)에서 시작되는 행위이며, 증오심이 생기는 이유는 여러 가지 심리활동을 들 수 있다. 그리고 질투나 복수, 분별심은 구부득고에 포함된다. 그중에서 질투는 가장 쉽게 증오를 유발할 수 있다. 구부득고는 탐욕이다. 마지막으로 가장 어려운 것은 오온성고이다.

오온은 색수상행식(色授想行識)을 가리키는 것이다. 색(色)이라 무엇인가? 존재하는 모든 물질의 세계라고 할 수 있다. 그중에서 빛, 소리, 생각, 집, 육체 등이 포함될 뿐만 아니라 관직과 재물을 탐하고 건강과 아름다움을 탐한다. 도(道)를 넘게 되면 탐욕이며, 탐욕을 부리고 집착하면 새로운 고통이 발생한다. 그 적정선을 유지하는 것은 우리의 지혜에 달려 있다.

색수상행식의 수(受)는 느낌이다. 오감각의 갈애(渴愛)이다. 좋아하는 색은 좀 더 오래 보고, 즐거워하고 맛있는 것은 더 많이 먹고 싶어 한다. 심지어 오관(五觀)에서 비롯된 이 느낌들이 심리적으로 생기면 그 느낌을 더욱 승화시켜 집착하고 탐하게 되는 것이 모두 수에 해당한다.

오온 중에 세 번째는 사고, 생각을 의미하는 상(想)이다. 고대 동서양 모두 이 상을 마음이라고 표현했다. 행은 심리적이나 신체적인 모든 행위를 말한다. 상은 차원이 서로 다른 생체행위나 새로운 심리행위를 유발한다.

오온의 마지막은 식(識)이다. 이 식은 인지라고 하며 뚜렷하고 분명한, 좋고 나쁜 것만 인지하는 것이 아니라 가치관, 즐거움, 많고 적음 등 세상의 행위를 인지한다.

오온은 사람과 세상 사이의 존재하는 모든 행위를 구성하기 때문에 필연적인 존재이다. 오온성(五蘊盛)은 말 그대로 오온이 왕성한 것을 말하며, 삶과 물질에 대해 아주 강한 느낌을 갖는다. 오온은 팔고 중에서 가장 마지막에 속하며 인생의 모든 느낌과 세상에 대한 인식을 나타내고, 그 느낌이 강렬해지면 그것 또한 고통이 되기 때문이다.

이 세상은 땅, 물, 불, 바람 지수화풍의 사대와 식(識)인 정신으로 이루어져 있으며, 시공간과 인과에 따라 변하기 때문에 오늘의 당신이 내일의 그가 될 수 있다. 오온인 색 수상행식에 너무 집착하지 않아야 하며, 집착이 지나치거나 오온이 너무 왕성할 경우 그로 인해 고통을 받게 된다. 그렇기 때문에 명예와 느낌에 대한 집착을 버려야 한다. 특히 수행을 하는 사람이 반드시 성불하겠다고 생각하는 것 또한 오온성에 해당한다.

자신의 정신세계를 승화시켜 오온성을 초월하는 것, 모든 인연의 집합이라는 이 모습은 신기루와 같아서 집착을 해도 사실은 소용이 없다. 이번 생에 수행자는 마음의 균형점을 바로 잡는 것, 바로 중도수행이며 이것은 인연의 모임과 흩어짐에 대한 인식이다.

이와 같이 생체적인 행위이든 심리적인 행위이든 상관없이 모든 행위는 질병의 근원이 된다. 즉 탐욕이나 건강하지 않은 생활습관이 모두 질병으로 이어질 수 있다.

질병을 유발하는 두 번째 근원은 유전(流轉)이다.

유전되는 DNA에 포함되어 있는 건강상태나 운명이 한 사람의 행위로 인해 다음 세대에 변하게 된다. 석가모니 부처님은 사구게로 불변의 진리를 제시했다. 그것은 "전생을 알고자 하면 금생에 받은 그것이요, 미래를 알고자 한다면 지금 하는 그것이다." 이는 인과관계(因果關係)의 진리이다.

자녀에게 건강상태와 운명을 물려주었는데 왜 나와 다른가?

나의 공덕과 업장, 건강, 선악이 DNA 염색체를 통해 그대로 전해지기 때문이다. 과학에 대한 지식이 있는 사람은 DNA에 정신적인 부분이 포함이 되냐고 의아해질 수 있지만 DNA는 전파나 신호의 영향을 받을 뿐만 아니라 선악의 감정이 DNA에 낙인을 남긴다. 우리는 운명의 변화, 건강을 인생이라고 할 수 있는데 자기 스스로가 바꿀 수 있다.

우리의 행위는 에너지를 만들어내는데 그것이 업장(業障)이다. 과거 행위가 만든 에너지가 현재의 장애(障礙)가 되며, 모든 행위는 업장을 초래한다. 콩 심은 데 콩 나고 팥 심은 데 팥 난다고, 선(善)을 심으면 공덕(功德), 복덕(福德)을 얻을 수 있으며, 상서롭고 편안하며, 부귀(富貴)의 삶을 살게 된다.

업장은 종합적인 에너지로 좋은 것, 차가운 것, 따뜻한 것 등 모든 역할을 내포한다. 오늘날 우리의 업장은 조상들의 업장을 줄곧 이어받아 형성된 것으로 세세생생 끊임없이 더해져 오늘날의 운명이 이루어진 것이다. 그래서 이번 생에 늘 번뇌와 고통이 수반된다. 우리의 힘으로는 바꾸지 못한다.

착한 마음으로 열심히 수행하고 정성(精誠)을 다할수록 더욱 효과적이다. 자신의 착한 마음으로 오늘의 DNA를 바꿀 수 있을까? 그렇다. 하지만 그 힘이 너무나 약하여 강한 에너지인 지름길이 필요하다. 그것은 바로 정성의 마음으로 부처님을 감동시켜 부처님의 도움을 받는 것이다.

역대 조상들의 철근 콘크리트의 업장은 너무나 크고 강하여 오랜 시간과 강한 에너지가 필요하다. 그래서 부처님의 힘을 빌리면 더욱더 빠르게 쉽게 자신의 운명을 바꿀 수 있다. 다음 생에는 더욱 높은 경지에 도달하여 사람이 아닌, 우주의 고급적인 생명체가 될 수도 있다. 육도에서 벗어날 수 있다.

육도에 떨어지면 욕망과 고통이 있기에 육도를 벗어나면 먹고 살 걱정 따위는 없다. 가고 싶은 곳에 가고, 총에 맞거나 병에 걸려 죽을 필요도 없으며, 번뇌와 탐욕이 없고 원하는 것은 무엇이든 있으며, 없어도 되는 것에는 욕심을 내지 않으니 이보다 더 행복할 수 없다.

아미타불의 극락세계는
고통과 질병, 번뇌와 탐욕이 없고
원하는 것은 무엇이든 있으며
없는 것에는 욕심을 내지 않고
이보다 더 행복할 수 없다.

# 담마코리아 - 전북 진안 고엔카

담마코리아는 아나빠나 위빠사나를 수행하는 곳이다. 들숨과 날숨을 뜻하는 아나빠나를 수행하여 마음의 집중력을 높이고, 위빠사나 수행으로 무상(無常)의 진리를 체득하여 사바세계(娑婆世界)의 삶 속에서 평온하게 살 수 있는 방법을 가르쳐 주는 불교의 전통 수행법이다. 오랜 기간 경험을 통해 완성된 수행법으로 전 세계 명상센터에서 같은 방식으로 진행된다.

제일 강조하는 것은 거룩한 침묵, 즉 묵언(默言)이다. 도착한 날부터 바로 침묵에 들어가서 마지막 날 오후에 침묵이 해지된다. 침묵으로 자신의 내면의 움직임을 좀 더 면밀하게 관찰할 수 있게 된다.

하루에 12시간 넘게 명상 수행을 하게 되므로 명상시간에 집중과 알아차림의 대상인 호흡과 몸의 감각을 사띠한다. 12시간 동안 명상실에 앉아서 견뎌내는 것은 쉽지 않은 심신의 항복기심(降伏旗心)이요 심신조복(心身調服)이다.

아침 4시에 기상해서 밤 9시 취침에 들기까지 일정에 빈틈이 없다. 식사 후 잠시 쉬는 시간을 이용해서 건물 주변의 산책로를 행선(行禪)하고 틈틈이 요가 자세를 통해서 몸을 풀었다.

고엔카 선생님의 육성이 담긴 법문을 녹음된 자료를 통해서 듣고 따라한다. 고엔카 선생님의 육성을 통해서 전 세계 센터에서 동일한 방식으로 진행된다. 고엔카 선생님을 어떤 종교를 주장하지도 않고 새로운 교단을 만든 것도 아니다. 다만 부처님의 전통적인 수행법으로 모든 존재들이 번뇌로부터 벗어나기 발원하여 수행법을 전파하였다. 이 수행법을 인도에서 시작하여 미얀마, 호주, 미국, 태국, 일본 등 전 세계에 200여 개의 센터를 운영하며, 모든 센터에서 같은 방식으로 10일간의 코스를 진행할 수 있도록 체계를 만들었다.

그간 여러 수행 방법을 조금씩 배우고 수행을 해왔다. 화두참선, 호흡명상, 수식관 등을 수행해왔지만 어리석음과 게으름으로 제대로 수행하지 못했다. 이번에 배운 방식을 통해서 깊은 사마타 위빠사나의 수행을 경험하였다.

그리고 이 경험을 함께 나누기 위해서 담마코리아에 봉사활동 하러 간다.

세상의 모든 존재가 행복하기를 바라면서...
담마코리아에서 새벽별이 이렇게 아름다울 수 있음을 알게 되었다.

# 월정사 단기출가 – 나를 찾아가는 길

오만 보살이 상주하는 불가의 성지, 오대산 월정사.

월정사 단기출가학교에 제53기 80여 명의 일반인들이 모였다.

속세와 단절된 한 달의 세계.

삼보일배, 발우공양, 좌선...

고된 수행의 길을 떠난다.

전통적으로 불가에서는 출가를 하면 행자과정을 거친다. 스님이 되기 위한 일종의 기본 준비 과정이다. 단기출가학교는 일반인들이 한 달 동안 이 행자과정을 똑같이 체험하는 것이다.

그렇다면 출가수행자가 얻고자 하는 것은 도대체 무엇인가?

세속에서는 돈, 명예, 지위 등을 얻기 위하여 경쟁하는 반면, 출가자들은 마음 한 자락 바로 보기 위하여 평생을 걸고 자기 자신과의 치열한 싸움을 한다.

단기출가 30일 동안 출가자의 생활을 직접 체험함으로써 '나는 누구인가'를 자각할 수 있는 계기를 마련해 주고, 아울러 출가생활에서 얻은 깨달음과 마음가짐으로 삶을 새롭게 꾸려가는 동력을 제공한다.

싹둑싹둑 잘려져 나가는 머리카락과 흘러내리는 눈물, 무릎이 까지고 오금이 저리면서도 희열에 찬 삼보일배, 쌀 한 톨 고춧가루 하나까지도 소중히 여기는 발우공양, 참선 때마다 어김없이 찾아오는 수마, 서로서로 등불이 되어 주는 도반들, 인색하게 살아온 날을 되새긴 탁발, 삼보일배로 오른 적멸보궁, 수행 중 잠깐의 여유를 만끽한 별빛문학회, 화(火)의 문(門)인 입을 다스리는 묵언, 내 자신에게 쓰는 유언장, 땀과 업장이 녹는 눈물로 뒤덤벅이 된 삼천배 등등…

한 달을 온전히 마음여행에 쏟아 부었다.

"출가는 버리는 것입니다. 그동안 가졌던 습(習)을 버리고 아상(我相)을 버리는 것입니다. 나아가 생존경쟁 속에 살 수밖에 없다는 상대적 관념인 중생상(衆生相)을 버리는 것입니다. 여기에 뭘 얻으려 왔다고 생각하지 마십시오. 여기는 버리러 오는 곳입니다."

출가를 통해 나는 뭘 얻으려 했다. 깨달음을 얻으려 했고 평온한 마음을 얻으려 했다. 그러던 어느 날 출가학교는 얻는 곳이 아니라 버리는 곳이라는 스님의 말씀에 뒤통수를 얻어맞은 기분이 들었다. 정신이 번쩍 났다.

그리고 마음속에 가득한 분별심, 아만심, 이기심, 증오심, 자만심, 조급함, 패배감 등을 내려놓는다.

30일간의 출가의 마지막 만렙은 3천배이다.

이마엔 땀이 물흐르듯 흘러내리고 가슴에는 신심의 뜨거운 피가 흐른다.

"석가모니불, 석가모니불, 석가모니불……."

밤새도록 절은 이어지고 몸은 더욱 낮아진다. 마음이 점점 비워지고 낮아지고 버려진다. 나아가 하늘이 사라지고 우주가 사라진다. "석가모니불, 석가모니불, 석가모니불……."

"아, 내가 부르는 석가모니불이 바로 나였구나. 석가모니불을 부르는 것은 바로 나를 부르는 소리구나. 내 가슴속에 있는 자성불(自性佛)을 끌어내는 소리였구나."

월정사 단기출가학교는 겹겹이 쌓여 있는 무명(無明) 업장(業障)을 벗겨내고 새로운 삶의 전환점이 되었다.

한 달 동안 속세를 잊고 정진하는 수행자의 길.
매일 아침 행복한 수행자는 어제보다 조금 더 성장하고,
어제보다 조금 더 아름다운 세상에서 수행한다.
이번 생에 그 길의 끝에 무엇이 있는지는 아직 알 수 없지만
나는 분명 행복한 수행자와 함께 있을 것이다.
출가(出家)는 삼독(三毒) 번뇌의 불길에 싸인 집 즉 화택
(火宅)을 벗어나기 위함이다.
탐심(貪心)은 보시하는 삶으로 화택에서 벗어나고
진심(嗔心)은 자비를 실천하는 삶으로 화택에서 벗어나고
치심(癡心)은 반야의 지혜인 깨달음으로 무지무명에서 벗
어나는 것이다.
출가는 탐진치의 화택에서 벗어나 열반(涅槃)인 니르바나
의 집으로 가는 길이다.

# 달라이 라마를 만나다 - 다람살라에서

한국인 불자를 위한 달라이 라마의 특별법회가 매년 10월에 인도 다람살라 남걀사원에서 열린다. 이번 법회에는 한국인 3500여 불자들이 동참, 예불을 시작으로 〈반야심경〉을 봉독한 후 하루 두 차례씩 3일간 달라이 라마의 법문을 경청했다.

달라이 라마와의 인연을 10년간 이어오고 있는 여수 석천사 주지 진옥 스님은 법회를 주관하신다. 나는 남편과 함께 진옥스님과의 인연으로 다람살라에 오게 되었다. 이곳에는 수행하시는 분들이 많다. 나 스스로가 재발심의 계기가 되고 많은 수행하시는 분들과 존자님을 뵈면서 그분을 통해 내 수행을 관찰할 수 있는 기회가 되었다.

그간 한국인 불자들을 위해 〈입보리행론(入菩提行論)〉〈보리도등론(菩提道燈論)〉 등을 설법해 온 달라이 라마는 이 자리에 처음 참석한 대다수의 불자를 감안해 기초적인 불교 지식과 함께 대승의 진정한 보리심을 발현하는 〈반야심경

(般若心經)〉과 〈수행(修行)의 핵심이 되는 세가지 법〉을 설했다. 달라이 라마는 보리심을 내는 구체적인 방법과 그 이유를 불자들이 쉽게 이해할 수 있는 언어로 전달했다.

"우리가 어떤 법을 설하고 듣는데 있어서 근기(根機)는 매우 중요합니다. 설법자와 법을 듣는 이 모두 절실한 신심을 가지고 부처님의 불법을 유지하고 받들겠다는 마음으로 법을 설하고 제자 역시 신심으로 수행해야 합니다. 그 중심에는 지혜가 있어야 합니다. 멸성제(滅聖諦) 즉, 번뇌의 허물에서 벗어난 열반을 이루기 위해 불교 수행을 합니다. 비폭력으로 선취에 들 수 있지만 반드시 지혜가 있어야만 열반에 이를 수 있습니다.

무명(無明)을 없애기 위한 방편이 바로 수행(修行)입니다. 수행하며 일어나는 지혜에는 사해(思解)에 의해 일어나는 지혜가 있어야 하며, 그 이전에는 문해(聞解)가 일어나야 합니다. 수습해서 일어나는 지혜를 수해(修解)라고 하는데, 우리가 공성(空性)을 사유함에 있어서 확신을 스스로 이끌기 위함입니다. 많이 듣고 공부하는 문(聞)을 시작으로 사수(思修)의 과정은 반드시 인과(因果)의 관계로 성립합니다. 지금이 자리는 우리가 성불하기 위해 거쳐야 하는 과정이며 이자리에서 법을 듣기 위해 모인 동기를 바로 세우십시오.

인식하는 대상과 주체는 상호 의존적으로 연기되는 것입니다. 의지해서 존재하기 때문에 자성(自性)은 없습니다. 그렇기에 마음은 이름에 지나지 않으니, 이름과 달리 존재하는 것은 있을 수 없습니다. 결국은 언어 또한 무자성(無自性)인 것입니다.

마음은 환(幻: 환상)의 본성입니다. 예를 들어 안식(眼識)은 안근(眼根)과 대상 경계가 만날 때 일어납니다. 일반적인 생각에 우리의 마음과 몸이 실체인 양 느껴지지만 실상은 이것이라고 규명하려 할 때 결코 실체는 얻을 수 없습니다. 마음을 비롯한 모든 제법은 상호의존(相互依存)에 의해 존재하니 본래 자성은 있을 수 없습니다....."

어떻게 진정한 보리심의 싹을 띄우고 가꿔야 궁극의 열반에 도달하는가?

"백조가 하늘을 날려면 두 날개를 펼쳐야 하듯 보살이 부처가 되려면 보리심과 지혜의 날개를 펼쳐 선한 공덕의 발원으로 공덕을 성취합니다. 보리심의 말을 타고 앞으로 나아가길 원하는 자들이 보리심이 있다면 더 앞으로 나아갈 수 있으니 이를 아는 자 어찌 나태함에 빠질 수 있겠는가"

'나'의 모든 것을 알고 있는 것 같은 분이다.
내가 원하는 것을 알고 대답해 주신다.
마치 어린아이가 엄마를 만난 것처럼
엄마가 자기 자식의 마음을 다 알고 이해하는 것처럼...

달라이 라마는 감동 그 자체이다.

# 사주(四柱)와 업(業)

사주명리학은 사주를 통해서 천명(天命)의 이치를 밝히는 학문이다.

천명은 보통 전생에 자신이 가장 관심을 가졌던 일이 자신의 DNA에 낙인되어 이번 생에 나타난다. 예를 들면 전생에 재물에 관심이 많은 자는 이번 생에 정재와 편재의 재성과 관련된 사주가 나타나며, 관직과 조직활동에 관심을 가진 자는 이번 생에 정관과 편관의 관성이 관련된다.

인간의 최대 관심사는 아마도 소유욕인 재성과 지배욕인 관성일 것이다.

사주에 8개의 글자인 팔자(八字)가 음(陰)과 양(陽)의 오행(五行)으로 펼쳐지며 상생(上生)과 상극(相克)으로 연동되어 움직인다. 팔자의 배치에 따라 열 개의 욕망인 십신(十神)과 육친(六親)의 관계가 움직인다. 그리고 천간(天干)의 정신적 심리가 지지(地支)의 현실상태와 융합되어 패턴화된다.

그리고 사주가 외부환경인 대운(大運)이라는 10년과 1년 단위의 세운(歲運)이라는 시절 인연의 흐름을 타고 정신과 물질 세계가 발현된다.

좋은 사주팔자(四柱八字)라는 것은 이 세상에서 부귀영화를 누리는 것이다.

그러나 이 부귀영화(富貴榮華)도 죽음 앞에서는 아무것도 아니다.

부귀영화는 백년 안에 끝나는 전쟁이다. 그런 부귀영화에 매달리는 것보다 생사(生死)윤회에서 벗어나는 것에 인생을 걸어볼 만하다.

내가 사주명리학 공부를 한 것은 천명(天命)을 알고 업장(業障)을 소멸하기 위한 목적이었다.

업장소멸은 탐진치 삼독의 덩어리가 윤회의 수레바퀴에서 벗어나는 것이다.

그리고 업장의 방향과 속도를 바꾸는 것이 사주명리학 공부의 완성이다.

세속(世俗)에서 갈구하는 성공과 길흉화복은 업장 시절인연의 산물일 뿐이다.

심여공화사(心如工畵師)

능화제세간(能畵諸世間)

오온실종생(五蘊實從生)

무법이불조(無法而不造)


마음은 그림을 그리는 화가와 같아

능히 모든 세상일을 다 그려낸다.

오온이 다 그 마음으로부터 나온 것이다.

무엇도 만들지 않는 것이 없다.


−화엄경(華嚴經)−

# 10마구니

부처님은 싯달타 보살 6년 고행에서 수행자가 겪게 되는 10마구니를 설하셨다.

"마왕이여, 나는 너의 군대를 잘 알고 있다.
제1의 군대는 애욕(愛慾)이요,
제2의 군대는 의욕상실(意欲喪失)이며
제3의 군대는 굶주림과 목마름이다.
제4의 군대는 갈망(渴望), 남이 어떻게 해주기를 바라는 마음이며
제5의 군대는 비겁(卑怯), 욕구와 타협하는 비겁한 마음이며
제6의 군대는 공포(恐怖)이며 즉 미래에 대한 두려움이 쌓여 포기하는 마음이며
제7의 군대는 의혹(疑惑), 과연 이룰 수 있을까 하는 의심하는 마음이며
제8의 군대는 분노, 진심(嗔心)이며

제9의 군대는 슬픔, 비탄(悲嘆)이다.

제10의 군대는 명예욕(名譽慾), 명예를 추구하다가 도(道)를 포기하는 마음이다."

수행하다가 수행을 포기하게 하는 대표적인 10가지 마구니이며, 석가모니 부처님은 6년 고행으로 열 가지 장애를 극복하고 중도의 길을 가신다. 중도의 길은 육체와 정신, 쾌락과 고행, 선악과 시비, 생사의 유무 등의 상대적 진리를 떠난 길이다.

우리는 부처님이 말씀하신 대표적인 애욕(愛慾)을 위시한 10개의 군대뿐만 아니라 8만 4천 군대와 씨름하며 살고 있다. 그리고 온갖 번뇌인 8만 4천 군대의 대장은 탐진치이다. 그래서 매일 탐진치(貪瞋痴) 삼독(三毒)을 관(觀)하고 방하착(放下著)하며 사띠하며 오늘도 하심한다.

제행무상(諸行無常)
시생멸법(是生滅法)
생멸멸이(生滅滅已)
적멸위락(寂滅爲樂)

보고 듣는 모든 현상은 변한다.
곧 생하고 멸하는 법칙이다.
이 생멸이 생멸 아님을 깨달으면
곧 고요한 열반의 경지이다.
ㅡ열반경(悅槃經)ㅡ

# 에고심(제6식)

나는 아상(我相)으로 살고 있다.

아상인 에고를 구성하는 요소는 아집(我執), 아애(我愛), 아견(我見), 아만(我慢)이다.

아만은 다른 것(사람, 물건, 사건 등)과 비교하여 교만한 마음, 잘났다는 마음을 내어 자신의 견해에 집착하고 자신의 생각이 옳다고 주장한다. 자신은 선민(先民)심이 강해서 당연히 사랑받아야 하는 존재라는 생각을 일으킨다.

에고의 중심이 아상이고, 아상의 핵심이 아만으로 표출된다.

이 모든 것은 어리석음에서 비롯되는 것이다. 어리석은 마음을 내려서 "나(我)"라는 상(相) 덩어리가 들판의 풀보다 못한 존재임을 알고 엎드리고 또 엎드리고, 낮추고 계속 낮추고 살아야 한다. 하심(下心)하고 또 하심하여 결국에는 공(空)한 존재임을 알아야 한다.

내 속의 나(我)라고 착각하는 에고가 주인공이 아니라, 이것은 에고이다. 이 에고는 색수상행식의 오온(五蘊)의 덩어리이다.

조견오온개공(照見五蘊皆空)하는 순간
도일체고액(度一切苦厄)하며
공포심에서 벗어나 대자유인이 된다.

# 전생의 업식 – 괴강살과 백호살

중생은 업(業)에 의해 살지만 보살은 원력(願力)에 의해서 산다.

중생의 대표적인 업이 백호살과 괴강살이다.

백호살을 지닌 자는 백호의 힘으로 현재의 자신을 만든다. 괴강살을 지닌 자는 괴강의 힘으로 현재의 자신을 만든다.

이 살들이 시절인연이 좋은 때는 선연(善緣)과 선업(善業)으로 드러나고 시절인연이 안 좋을 때는 악연(惡緣)과 악업(惡業)으로 작용한다.

그러므로 상대의 모습에 대해서 왈가왈부할 필요 없이 단지 자신의 업력을 바라보고 법력과 원력으로 살아간다.

항상 내 이마의 괴강살을 살펴보고,

항상 내 행동의 백호살을 살펴보고,

괴강살은 리더의 상징으로 백호살은 프로의 상징으로

선연(善緣), 불연(佛緣) 그리고 법연(法緣)으로 인도하라.

깨달으면 된다.

길었던 방황에 종지부를 찍고 새로운 삶을 시작할 수 있다.

하나의 번뇌가 일어나면 또 다른 번뇌로 번뇌를 제거하기 위해 탐구하고 몸부림한다. 일시적으로 앞의 번뇌가 제거되었지만 또 다른 번뇌가 앞에서 고개를 들고 서 있다. 번뇌로서 번뇌를 제거하는 것은 또 다른 번뇌를 만드는 윤회의 딜레마도 같은 것이다. 결국에는 번뇌의 종착역은 탐진치이며, 망상이라는 윤회 속에서 돌고 돌 뿐이다.

이제는 한 생각, 한 번뇌가 생기더라도 온전히 바라보기만 하는 지혜를 얻게 되었다. 단지 바라보기만 하라.

한 생각 일어나면 사띠의 힘으로 탐진치를 사띠하고,

행주좌와(行住坐臥) 어묵동정(語默動靜)에도

사띠의 힘으로 탐진치를 사띠하고 내려놓아라. 방하착(放下著)하라.

한 생각의 근본 원인은 바로 탐진치라는 삼독(三毒)이다.

삼독심이 이리저리 환경과 상황에서 다르게 표현되는 것일 뿐이라는 것이다.

이것이 바로 연생연멸(緣生緣滅)의 인과법이라는 생각이 든다.

약인지심행(若人知心行)
보조제세간(普造諸世間)
시인즉견불(是人則見佛)
요불진실성(了佛眞實性)

어떤 사람이 만약 마음이
모든 세간을 만들어 내는 줄을 안다면
이 사람은 바로 부처님을 친견하는 것이고
부처님의 진실성을 아는 것이다.
−화엄경−

## 바람이 불면 겨울나무가 되어라

'바람이 불면 겨울나무가 되어라'라는 말이 오랫동안 가슴
에 머물렀다. 이 말이 정말로 정신적 고통으로부터 수없이
나를 구제했다.


겨울나무는 잎이 다 떨어져 나간 상태이니
바람이 불어도 헐벗은 나무의 몸통과 가지들은
저항하지 않는다.
겨울나무는 바람에 잘 흔들리지 않는다.
그러면 바람은 거의 방해받지 않고 지나간다.
텅빈 마음 무심한 평화가 흐른다.

# 마음의 속성(에고)

마음은 자기가 잘났다고 생각한다.

마음은 자기가 부자인 것을 자랑한다.

또한 경쟁에서 싸움에서 지는 것을 무척 싫어한다.

마음은 기회가 되면 습관적으로 자랑하며 자신을 돋보이고 싶어한다.

마음은 기존의 습관이나 상(相)과 반대되는 것을 싫어한다. 그래서 저항한다.

다른 견해를 받아들이는 데는 시간이 필요하다.

또한 마음은 고통을 만드는 놀라운 재주를 가지고 있다.

마음은 더 좋은 것 더 깨끗한 것 더 편한 것 더 많은 것을, more 늘 더 다른 것을 추구한다. 지루한 것을 싫어하고 슬픔도 싫어하고 고통도 못 견디지만 행복할 때조차 행복이 계속되면 불안해한다.

해가 나면 더워서 싫고 구름을 만나면 어두워서 싫고 비가 오면 축축해서 싫고 눈이 오면 지저분해서 싫고 더우면 더워서 싫고 추우면 추워서 싫고 이렇게 마음은 늘 이래서 싫고 저래서 싫고 투덜투덜 불평한다.

마음의 주특기는 '너는 틀리고 나는 맞다'이다. 자기중심적인 사고 때문에 남에게 도움받은 것은 쉽게 잊어버리고 받은 고통은 잊어버리지 못한다. 자기 고집이나 잘못은 그럴 수 있다고 하면서 다른 사람의 고집과 잘못은 못 견딘다.

마음속에 상처를 받으면 마음이 꼬이고 에너지를 품고 있다가 무서운 행동을 서슴없이 하게 된다. 왜냐하면 자신이 받은 아픔을 돌려주는 것이 당연하다고 생각한다.

마음에 만족이란 없다. 마음이 하는 일은 고통만들기이다. 때문에 에고의 중생 마음으로 산다면 돈이나 명예와 지식으로도 채울 수 없는 공허함을 경험할 수밖에 없다. 그리고 죽을 때 후회와 허무를 깨닫게 된다.

불응주색생심(不應住色生心)
불응주성향미촉법생심(不應住聲香味觸法生心)
응당 색에 머물러서 마음을 내지 말며
응당 성 · 향 · 미 · 촉 · 법에 머물러서
마음을 내지 말 것이요.


응무소주(應無所住)
이생기심(以生其心)
응당 머문 바 없이
그 마음을 낼지니라.
– 금강경 –

# 물고기 풍경(風磬)

　사찰의 추녀에는 물고기 풍경이 달려 있다. 풍경 끝 물고기 뒤에 펼쳐진 푸른 하늘 푸른 바다 푸른 하늘은 한없이 풍부한 물을 지닌 푸른 바다이다.

　사찰의 추녀 끝에 물고기 풍경은 '깨어서 부지런히 도를 닦아라'고 한다. 눈을 뜨라. 눈을 뜨라. 물고기처럼 눈을 항상 뜨고 있어라. 깨어 있으라. 깨어 있으라. 산 정신으로 부지런히 정진하라. 그러면 너도 깨어나고 남도 또한 깨어나게 할 수 있다.

　풍경소리가 들려온다. 바람이 불면 소리를 낸다. 바람은 우리들의 번뇌이다. 바람이 불면 홀연히 일어나 허공에 바람이 일어나서 풍경이 울리고 내 속의 번뇌의 바람이 일어난다.

실체가 없는 번뇌가 나를 사로잡고 있다.
다시 번뇌가 없는 무심으로 돌아가라.
소리에 놀라지 않은 사자처럼
그물에 걸리지 않은 바람처럼
걸림없이 대자유인으로 살아라.
물고기 풍경소리가 알려주는 울림이요, 향청이다.

상대를 향한 시선을 내게 돌린다.
상대를 향한 배려를 내게 돌릴 필요가 있다.
도량의 밝은 등불이 가장 먼저 비추는 곳은 바로 눈꺼풀
아래 작은 내 눈동자였다.

# 복덕(福德)과 공덕(功德)

　흔히 용장(勇將)이나 지장(智將)보다 덕장(德將)이 낫다고
한다.

　용기가 지혜로 상대를 제압하는 것도 좋지만 덕을 베풀어
자발적인 충성심을 유도하는 것이 최상의 지도력이다. 그래
야 조직을 유지 관리하기가 편하다. 차가운 북풍한설(北風
寒雪)보다 봄바람이 강하다는 것이다.

　무림계(武林界)에 전해지는 전설, 뭐니뭐니해도 덕장은 당
할 수 없다. 덕장인 복(福)있는 사람은 당할 수 없다. 분명히
내가 상대보다 뛰어나고 모든 조건이 유리한데도 실제로 해
보면 잘 안 되는 경우를 경험한다.

　이럴 때 어른들 말씀이 복(福)때문이란다. 일이 잘 되지 않
아 열불이 나서 죽겠는데 복 없는 것까지 뒤집어 쓰자니 가
슴이 쓰리고 할 말이 없다. 복을 받는 것은 덕은 베푸는 것
과 공덕은 쌓는 것에 초점을 두지만, 동서고금을 막론하고
지혜로운 이는 복은 드러내지 않고, 덕은 베풀고, 그리고 복
은 쌓는데 눈썹을 휘날리고 앞장서는 용기가 필요하다.

다시 오지 않는 단 한 번의 삶이다. 온 우주를 통털어 이런 기적과 기회가 어디 있겠는가. 언제든 푸른 행성에서 떠나갈 삶이고 죽으면 썩어질 몸이다.

온갖 지혜를 동원해서 장치를 한들 백년을 지키기 어려운 재산이다.

가장 확실한 방법은 덕(德)을 베풀고 공덕(功德)을 쌓는 것이다.

꽃의 향기는 마당을 거슬러 갈 수 있지만, 마음의 향기나 공덕의 향기는 시공을 초월해 멀리까지 퍼져 나간다.

# 모과나무

모과나무를 보고 세 번 놀란다.
우선 모과의 생긴 모습이 못생긴 과일이어서 놀라고
둘째 가을에 모과 향기가 넘 좋아서 놀라고
그리고 모과 과일의 맛이 넘 형편없어서 놀란다.
그런데 올 봄에 나는 또 한 번 놀랐다.
모과나무의 꽃이 넘 아름답다는 사실에 놀라고 말았다.
울긋불긋한 다섯 장의 연분홍 꽃잎이 새색시 볼처럼 붉고
수줍다. 은밀한 아름다움 아주 단정한 자태다.
 세상의 꽃과 나무들이 서로의 개성을 드러내는 것은
우열이 아니라 조화를 이루는 능력일 것이다.


모과꽃처럼
누구나 신비한 매력 하나는 지니고 있으며
모과 향처럼
누구나 재주 하나는 숨기고 있다.
보이는 것이 전부가 아니다.

# 벚꽃 1

여기도 저기도 온 천지에 벚꽃이 만개한다.
저 꽃이 어디서 왔을까?
나무줄기 속에서 감추고 있다가 나온 걸까?
나무뿌리 속에서 올라온 걸까?

저 벚꽃은 어디에서도 온 곳을 찾기가 힘들었다.
봄이 되니 인연 따라 꽃을 피우고 봄이 가니 인연 따라 꽃
이 간다.

우리의 삶도 이러하다.
인연 따라 남편을 만나고
인연 따라 자식을 만나서
희노애락 애오욕한다.
업연 따라 받은 몸도 생노병사로 인연과보를 받는다.
업연이 다하면 다시 지수화풍으로 돌아간다.

연생연멸(緣生緣滅)하는 우리의 삶
무엇에 집착하고
무엇에 연연할 것인가?

소리에 놀라지 않는 사자처럼
그물에 걸리지 않는 바람처럼
진흙에 물들지 않는 연꽃처럼
인연 따라 살다간다.

# 벚꽃 2

일본 선승인 이큐 선사(日休禪師. 1394~1481)의 일화이다.

이큐 선사가 숲길을 가는데
숲에서 떠돌이 수행승이 나타나서 물었다.

"불법은 어디에 있는가?"
이큐 선사가 가슴을 펴며 "내 가슴속에 있다"고 대답했다.
이에 수행승이 단도를 뽑아
선사의 가슴에 들이대며 말했다.

"그렇다면 이것으로 네 가슴을 열어
진짜 불법이 있는지 확인해 봐야겠다."고 했다.

이큐 선사는 조금도 당황하지 않고
그 자리에서 시를 한 수 지어 보였다.


"때가 되면
해마다 피는 산벚꽃

벚나무를 쪼개 보라,
거기 벚꽃이 있는가."

우리 중생은 갈구하는 마음 때문에 육근(六根)의 형상과
소리로 모든 것을 구하려고 한다.
벚나무는 쪼개 보아야 그 안에 벚꽃이 있을 리 없지만
봄이 되면 벚꽃은 아름답게 피어난다.

약이색견아(若以色見我)

이음성구아(以音聲求我)

시인행사도(是人行邪道)

불능견여래(不能見如來)


만약에 색(色)으로써 나를 보거나

음성(音聲)으로써 나를 구하면.

이는 사도(邪道)를 행하는 사람이라.

능히 여래를 보지 못하리라.

−금강경−

# 괴강살의 과보

괴강살의 과보는 여자로 태어나서 남편과 자식 그리고 집안의 가주(家主)로 살아야 하는 사주팔자의 운명이다. 또한 여자의 남편은 무능하게 변하고 또한 엄마로서 자식까지 키워야 하는 운명을 겪는다.

그리고 소처럼 휴식하지 못하고 계속 움직여서 돈을 벌지만, 돈은 모이지 않고 늘 생활 고(苦)에 시달린다.

괴강살의 여자는 전생에 남편(혹은 아내)을 극도로 괴롭히고 미워했던 여자의 운명이다. 전생에 남편(혹은 아내)의 능력을 무시하고 남편을 홀대(忽待)하고 학대(虐待)하고 심지어 폭력까지 행사하며 남편(혹은 아내)의 인격을 서슴지 않고 무시했다고 한다.

그리고 이번 생에 괴강인 여성은 남편을 극하고 경제적인 수입이 남편보다 많아서 남편의 능력을 무시한다. 그래서 남편은 위축되고 열등감을 느끼면서 가정의 불화를 많이 겪는다.

이런 자신의 괴강살의 과보를 모르고 산다면 얼마나 신세 한탄을 하겠는가.

혼자서 자신의 처지를 비통해하기도 하고 때로는 남편을 탓하거나 원망하며 수많은 세월을 보낼 것이다.

명리학을 통해서 우주의 섭리인 인과응보를 알고 나니 참회의 눈물밖에 흐르지 않는다. 북두칠성 칠성여래부처님께 참회의 기도를 한다.

"부처님, 지난 세월, 세세생생 어리석음으로

탐진치로 아상과 아만으로

입으로 몸으로 남편을 무시하며 상처 주었습니다.

미안합니다. 용서하세요."

눈물을 흘리며 108배 절을 한다.

남편이 용서하고 칠성여래부처님이 용서하실 때까지 절을 한다. 그리고 참회하면서 발원한다.

"당신의 아픔이 끝날 때까지 당신의 분노와 원망과 미움을 다 받아들이겠습니다.

미안합니다. 용서하세요.

당신의 용서가 끝날 때까지 당신을 위해 기도하고 또 기도 하겠습니다.

그리고 나의 어리석음으로 인한 상처를 진정으로 용서받
고 싶습니다.

당신을 위해 기도합니다. 나로 인한 아픔 거두시고 용서하
소서, 용서하소서.

그리고 감사합니다. 사랑합니다"


중생은 업대로 살지만

보살은 원력으로 산다.

시절인연이 좋을 때는 선연선업으로 과보로 발현하지만

시절인연이 안 좋을 때는 악연악업의 과보가 불어 닥친다.

그러므로 수행자는 상대의 모습에 왈가왈부하지 않고

단지 자신의 업력을 바라보고 일심으로 참회한다.

범소유상 (凡所有相)
개시허망 (皆是虛妄)
약견제상비상 (若見諸相非相)
즉견여래 (卽見如來)

무릇 형상이 있는 것은
모두가 다 허망하다.
만약 모든 형상과 형상 아닌 것을 함께 보면
곧 여래를 보리라.
－금강경－

# 시간, 공간 그리고 인간

인간은 시간과 공간 속에서 한 세트로 이번 생을 살아간다.

불교에서 공간(空間)은 동서 남북 위 아래 동남 등 사이를 포함하여 십방(十方)으로 표현한다. 시간(時間)은 공간과 항상 한 세트로 움직이며,

인간(人間)은 시간과 공간 속에서 하나의 우주를 구축한다. 그리고 인간은 오온의 업식 속에서 연기법(緣起法)으로 인연과보(因緣果報)를 통해서 시간과 공간 속에서 씨줄과 날줄의 세상 옷감을 짠다.

마음의 에너지는 시간과 공간을 뚫고 지나간다.

그리고 마음은 시공(時空)을 초월하기도 한다.

만나는 대상(인연)에 따라 업식이 다르게 작용한다.

조건에 따라 대상의 업식덩어리가 일어난다.


이번 생에도

다음 생에도

일정한 환경의 조건이 되면

또다시 고통이 시작된다.

이번 생에도
다음 생에도
조건이 일어남을 보고
조건이 사라짐을 보고
조견오온개공(照見五蘊皆空)하여
도일체고액(度一切苦厄)하리라.

마침내 시간과 공간을 초월한다.


〈극락 가는 방법〉
1. 죽은 사람 100명을 위해서 진정으로 마음 다해서 울어주는 것.
2. 내가 죽었을 때 100명이 내 죽음을 진정으로 애도하는 것.
남을 위해서 봉사하지 않으면 불가능하다.

# 차원과 양자역학

인간(人間)은 시간(時間)과 공간(空間) 속에서 한 세트로 움직인다.

우리는 대부분 현재라는 시간의 관습과 문화 속에서 살고 있다. 그런데 과거나 미래 속에서 살면 4차원 혹은 또라이로 불린다. 시공에서 관계성으로 나라는 존재가 에고로 살아간다.

하늘은 춘하추동(春夏秋冬)으로 움직이고

시간은 과거 현재 미래로 움직이고

인간은 희노애락 팔풍(八風)으로 움직이지만

수행자는 지혜(智慧) 자비(慈悲) 인의예지(仁義禮智)인 참나의 진아(眞我)로 살아간다.

그리고 우리는 1, 2, 3차원의 공간 속에서,

4차원부터는 입자에서 파동으로 변화하는 마음세계인 10차원을 만난다.

4차원은 공간에서 입자의 부딪힘으로 소리가 나오고

5차원은 공간에서 입자의 부딪힘으로 빛이 나오고

6차원은 빛으로 열이 나오고

7차원은 자기장을 만든다.

8차원은 전파인 파동이 형성되어

9차원은 인드라망이 구축된다.

10차원은 시공간을 초월하는 마음세계이다. '마음'에 속한 공간이다. 마음이 허공처럼 커서 무변하고 무량한 세계를 모두 품는다. 모든 허공이 바로 마음이다.

부처님의 마음세계를 과학적으로 증명하는 것이 양자역학이다.

양자라는 물질은 뛰엄뛰엄 떨어져 있으며 이런저런 힘을 받으며 운동하고 있다.

양자역학은 양자들의 힘의 운동이다. 이러한 양자들이 물질인 입자에서 파동인 에너지로 바뀌는 것을 과학적으로 증명한다.

우주의 모든 물질은 고유한 파장인 에너지 파장이 있으며

현실 세계에서는 서로 간의 파장의 합인 여래장으로 관세음보살로 가피를 받는다.

그러나 우리가 사는 세계에서 서로 다른 주파수의 파동이라도 존중하고 배려하고 맞추어 나가야 한다.

우주는 거대한 여래장이다.

우주는 거대한 화엄세계이다.

가까이 있으면 다른 것이 눈에 보이고
멀리 있으면 같은 것이 눈에 보인다.

# 윤리 공덕 방정식

보살지수(菩薩 Index)는 공덕윤리지수(功德倫理指數)이다.

공덕은 내가 내 마음에서 불러오는 것이다.

그래서 복을 짓는다. 그래서 복인(福人)이라고 부른다.

복이 많은 사람은 운이 좋은 사람, 행운의 사람이다.

인류 역사상 인류에게 가장 큰 은혜의 공덕을 베푼 사람은 석가모니 부처님이다.

그리고 두 번째로 부모님이다. 부모와 자식은 은혜로 이루어진 공덕의 관계이다.

그리고 윤리는 지계(持戒)를 지키는 힘이다.

계를 지키는 마음은 탐진치를 내려놓는 것이다.

지계의 여시력(如是力)에서 선정이 생기고 지혜가 올라온다.

지혜는 마음을 비우고 마음이 밝은 것이다
지혜는 탐진치(貪瞋痴)심을 맑히고 밝히는 것이다.
깨달은 마음은 근심 걱정이 없는 마음
내일 죽어도 아무렇지도 않은 마음이다.
윤리 공덕 지수가 높은 사람은 번뇌가 사라진다.
번뇌가 사라지면 얼굴이 펴진다.
내가 나에 대해 몰랐던 것
내 마음의 비밀스런 공덕이 드러난다.

# 인연 1

파장이 같은 것은 함께 공명(共鳴)한다.

파장은 저마다 에너지가 있고 우리가 하는 생각과 행동에 대응한다.

한 공간에서 생활하는 어떤 사람에 대해 내가 부정적인 견해를 가지고 있으면 은연중에 그를 거부하는 눈빛과 태도로 행동하게 된다. 이는 에너지가 되어 상대를 자극하여 아무리 둔한 사람이라도 반드시 감지한다.

말이 아니더라도 마음의 에너지가 그에게 생각과 감정을 전달하게 된다.

우주는 우리가 쏘아 올린 마음의 에너지를 CCTV에 기록해서 되돌려 보낸다.

그것은 무서운 업보로 부메랑이 되어서 되돌아온다.


우리는 이번 생뿐만 아니라 겹겹이 반복되던 수많은 생을 거쳐서 지금에 이르렀고 나와 인연 맺은 이들 또한 오랜 세월 나와 인연이 있었던 존재이다.

'그들과 한때는 나의 어머니, 형제 자매이다'는 부처님의 말씀에 감사한다.

세상의 모든 이가 나의 어머니이자 전생의 나임을 알게 된다.

전생의 나에게 세상의 모든 이들에게 분별없이 누구에게나 자애로운 미소를 보낼 수 있다. 대상을 가리지 않는 무량한 마음인 자비심이 샘물처럼 솟아난다.

마음의 에너지는 빛보다 빠르다.

오늘도 두 손 모아 축복을 담아 기도한다.

"당신이 하는 일 모두 잘되기를 바랍니다."

# 시절(時節)인연(因緣)

시들면 썩게 되고, 늦으면 먹을 수 없게 된다.

모든 것은 다 때가 있는 법이다.

사람이 시대를 만들기도 하지만, 시절이 사람을 만들기도 한다. 역사적인 순간, 내가 존재한다면 나의 역할을 지킬 필요는 없다.

이것을 공자는 천명(天命), 부처님은 무위(無爲)라고 했다.

내가 직면한 현실에서 내가 할 일을 하고 상황이 종료되면 즉각 해당 상황에서 벗어나자, 자유롭다.

모든 것은 흘러가고 부질없기 때문에 내려놓고 유유자적(悠悠自適)할 수 있지만 그렇기 때문에 지금 이 순간, 더 활기차게 열심히 사는 것이다.

우연즉시(遇緣卽施)

이연즉정(離緣卽靜)

만나면 베풀고 헤어지면 자유롭다.

# 뇌와 호흡명상

두뇌는 1.5kg의 무게지만 몸 전체 혈액량의 20%를 소모하며 경추 7개, 흉추 12개, 요추 5개 천추 4~5개 미추 1개의 척추로 지탱하고 있다.

또한 뇌는 오장육부와 신경계로 연결되어 있어 스트레스를 인지하게 되면 오장육부가 화를 입는다.

운동이나 명상을 하면 산소의 소비가 활성화되어 혈액순환에 좋다. 혈액은 보통 몸 전체를 한 바퀴 도는 데 1분이 걸리지만, 운동이나 명상할 때는 45초 정도의 시간이 걸린다. 혈액순환이 잘 된다.

그러나 운동은 산소 소비가 활성화되어 혈액순환은 잘 되지만, 불완전 연소된 산소가 몸을 녹슬게 한다. 그러나 명상의 경우에는 산소 소비가 최소화되어 신진대사율이 낮아지면서 혈액순환은 20% 증가하는 현상을 보인다.

이는 명상 후에 손발이 두툼해지는 증상을 통해서 알 수 있다.

두뇌는 46만 년의 진화 속에서 생태계에서 자기 개체를 보존하고자 자기 방어막인 에고(ego)를 형성한다. 그러나 더 높은 차원의 생태계를 위해 슈퍼에고(super ego)인 초자아의 전두엽을 만든다. 전두엽은 두뇌의 신피질은 이성 및 의식조절 기능을 하는 지혜 및 사고의 근원지이며 제6식의 의식이다.

두뇌의 구피질인 변연계는 편도체로 두뇌 뒤통수에 고도의 안테나인 감정의 에고체이다. 편도체는 감정조절 기능과 방어기제를 담당한다.

송과체는 인간의 비밀체인 과거와 현재 그리고 미래이다. 현상적으로는 내분비를 총괄하는 기관이지만 불교의 아뢰아식의 비밀이 여기에 있다.

간뇌는 생명의 유지관장으로 호흡, 심장, 간, 비장, 폐장, 신장 등의 자율신경유지 담당자로 생명의 관리자이다.

호흡은 불수의근(不隨意筋)인 송과체 등과 수의근(隨意筋)인 의식을 연결하는 매개체인 횡경막을 움직일 수 있다. 쉽게 말하면 뇌는 오장육부와 연결되어 있어 자율신경계인 오장육부를 움직일 수 있는 것이 호흡이라는 것이다.

그래서 호흡을 통해서 오장육부의 사기(邪氣)를 제거하고 불수의근에 접근하여 감정과 이성을 지혜로 다루는 힘을 키우는 것이다.

　호흡으로 희노애락애오욕(五欲)의 사기(邪氣)를 다루어 어혈독(瘀血毒)을 처리하는 것을 동양의학 황제내경(黃帝內經)에서 밝히고 있다.


　"기자 인지근본야(氣者 人之根本也)

　　백병생어기(百病生於氣)

　　병출어혈(病出於血)

　　병원어기(病源於氣)

　　기가 사람의 근본이다.

　　모든 병은 기에서 시작된다.

　　병은 피로 드러나고

　　병의 원인은 기이다."


　황제내경에서는 모든 병의 근원을 마음에서 찾는다. 마음에서 만들어진 파동상태의 사기(邪氣)들이 모여서 어혈(瘀血)의 입자상태로 전환하게 된다. 어혈(瘀血)이 병을 만들고 상태가 경미할 때는 표면적인 병이 드러나고, 심할 경우 설사하면서, 암(癌)세포로 변하게 된다.

먼저 마음에서 스트레스를 받으면, 폐에서 호흡이 빨라지고, 심장박동이 빨라지면서 혈압이 상승한다. 신장은 마르면서 침, 안구, 생식기가 건조해지고, 소화불량과 동공확대로 바로 나타난다. 오장육부와 같은 자율신경계는 뇌의 명령을 받지 않는다. 뇌의 명령을 받지 않는 불수의근은 호흡은 통해서 움직일 수 있다.

"정좌즉신수자승(靜坐卽腎水自乘)
정좌하면 신수가 스스로 올라온다."

항상 정좌하고 호흡하여 수승화강(水昇火降)하면 독맥을 타고 물의 기운이 상승하고 화의 기운이 임맥으로 단전까지 내려온다.

우리의 몸은 물과 불의 싸움터이며 수승화강(水昇火降)하기에 두한족열(頭寒足熱)되어야 건강하다.

화택의 불을 끄기 위해서는 정좌(靜坐)하고 호흡명상하고, 호흡명상하면 몸이 수승화강(水昇火降)한다. 불이 꺼진다.

바로 이것이 '몸의 연금술'이다.

# 순경(順境)과 역경(逆境)

순경은 하는 일마다 술술 풀리는 때이고,
역경은 어려운 일이 닥쳐서 잘 안 풀리는 때이다.
팔풍과 눈보라가 닥치더라도 흔들리지 않고
무아(無我)를 관찰하라.


이런 순경과 역경이 날줄과 씨줄처럼 서로 얽힌 것이 우리
인생이다.
좋은 일이든 나쁜 일이든 잠시 스쳐가는 바람이요, 출렁이
는 물결이니
내 착한 성품 맡겨버리고, 그냥 그렇게 수행의 자세로 살
아가라는 것이다.
자기가 원하는 것을 삶이 허락해 주지 않을 때에도 평화롭
게 살아가는 것이다.


인생 그 자체는 문제의 연속이다. 그것이 인생이다.
문제가 일어나는 것에 대응하는 자세 그것이 해탈이다.

인간계 어디를 가든 나를 미워하고 내가 미워하는 사람이
있었다. 그분들을 위해 기도하고 지혜와 자비로 안아 주어
야 한다.


시간이 지나면 아무것도 아니다.
다시 오지 않을 꽃 같은 시간을 힘들게 보낼 필요는 없다.
내가 아무리 잘났든 못났든 간에
결국 하늘 아래 똑같은 하찮은 존재들이다.
그냥 그대로 나를 사랑하며 사람들을 사랑하며 살아가자.


선지식 찾아다니느라 풀을 헤치고 바람을 맞으며,
이 산 저 산 쫓아다닌 것은
아버지 어머니가 이 몸 낳기 전에 본분,
본래 면목자리를 밝히기 위함이다.
그래서 홀연히 비로자나 부처님 정상을 밟으니
부딪히는 것이 도(道) 아닌 것이 없더라.
부딪히는 사람이 부처 아닌 이가 없더라.

〈생사해탈(生死解脫)〉
생각이 일어나면 생(生)이요
생각이 사라지면 사(死)이다.
생각이 일어나고 사라짐을 자연스레
벗어난 것을 해탈(解脫)이라고 하니
해탈이라고 하는 것이 죽어서 해탈이 아니다.
살아서도 얼마든지 해탈이 가능하다.


현상계는 개별성, 시간성 그리고 공간성으로 드러나는 세계이고, 법성계는 전체성과 초월성(억겁의 세계)으로 드러난다. 두 세계를 아우르는 이상적인 인격자가 바로 관세음보살, 지장보살이다. 현상계와 법성계의 세계를 자유롭게 생사해탈하신 분들이다.

모든 반연의 얽혀있는 인연을 쉬면 한 생각도 일어나지 않는다. 이 몸을 통한 일체의 것들을 사량분별(思量分別) 바깥에 두어야 놓고 또 놓았다고 할 수 있다. 모든 반연을 놓았다고 할 수 있다.

청산은 나를 보고 말없이 살라 하고
창공은 나를 보고 티없이 살라 하네.
탐욕도 벗어놓고 성냄도 벗어 놓고
물같이 바람같이 살다가 가라 하네.
　　　　　－나옹선사－

# 공(空)

스쳐 가는 것들에 대해 마음 쓰지 말라.

스쳐 간다는 말 그대로 좋은 것과 나쁜 것, 쾌감과 고통, 성취와 실수, 명성과 치욕 같은 일들은 우리의 인생에 잠시 다가왔다가 사라진다.

시작이 있으면 끝도 있으며 그것은 자연스런 현상이다.

결국 모든 것이 무(無)로 사라진다는 것이다.

이러한 진실을 받아들일 때 비로소 대자유인의 모험이 시작된다.

상견(相見), 단견(短見)을 척파하라.

스쳐 가는 모든 일들에 대해 마음을 비우고 개의치 않는다면 변화무상한 삶의 순간순간 속에서도 평화를 느낄 수 있다.

어떠한 고통이나 불쾌한 상황 역시 자신을 스치고 지나가는 바람에 불과하다. 10대, 20대, 30대,...50대....

기쁨들, 슬픔들, 영광들, 명예와 부귀들, 사랑과 미움들...

수많은 빛과 그림자들 오로지 무(無)이고 공(空)일 뿐이다.

이번 생에 이러한 이치를 꿰뚫고 깃털처럼 가볍게 살아가세.

천상천하무여불(天上天下無如佛)
시방세계역무비(十方世界亦無比)
세간소유아진견(世間所有我盡見)
일체무유여불자(一切無有如佛者)


하늘 위, 하늘 아래 부처님과 같은 분이 없고
시방세계에도 이 부처님께 견줄 만한 사람이 없다.
세간에 있는 모든 것을 내가 다 보았지만은
일체 부처님과 같은 그러한 거룩한 대성현(大聖賢)이 없더라.
−화엄경−

# 소동파 적벽부(赤壁賦)

계수천중천(稽首天中天)
호광조대천(毫光照大千)
팔풍취부동(八風吹不動)
단좌자금련(端坐紫金蓮)
하늘 중 하늘에게 머리 숙여 절하오니
한줄기 빛으로 천하를 비추는 이
팔풍이 불어도 흔들리지 않고
자금색 연꽃 위에 단좌하고 있네.

여기서 팔풍이란 '칭찬과 나무람'(稱譏), '영예와 훼손'(榮毀), '얻고 잃음'(得失), '고난과 즐거움'(苦樂) 등 여덟 가지 경계를 의미한다. 즉 이제는 천하를 비출 만큼 마음의 광명이 밝아져 다사다난(多事多難)한 삶 속에서 부딪치는 갖가지 장애와 고통, 칭찬과 비방에도 흔들림 없는 부동(不動)의 경지에 이르렀다는 자화자찬(自畵自讚)을 담은 시이다.

소동파는 이 시를 써서 시자스님에게 시켜서 양자강 건너에 계신 불인스님에게 보냈다. 불인스님께서 이 시를 보시고 칭찬을 해 줄 것이라 기대하고 있었다.

그런데 불인스님은 시를 한번 보더니 뒷면에다 "방피(放皮)"라는 글을 답장으로 적어 시자 편에 되돌려 보냈다. 놓을 방放에 가죽 피皮, 가죽피리, 방귀라는 뜻이다.

그러니까 무슨 개방귀소리를 하고 있냐는 뜻이다.

큰 칭찬을 기대하고 잇던 소동파가 이런 답장을 받고 보니 화가 치밀어 올라서 당장에 뗏목을 타고 불인스님을 찾아간다. 소동파는 곧장 불인스님에게 달려갔는데 문짝에 글 쪽지가 붙어 있었다.


팔풍취불동(八風吹不動)

일비과강래(一屁過江來)

팔풍에 취부동한다고 하는 사람이

방귀 하나에 불려 강을 건너왔구려.


바로 그 순간, 순식간에 깨달음을 얻게 되었던 것이다.

깨달음을 얻는 것은 한순간이다.

# 4상(四相) - 아상 인상 중생상 수자상

금강경에서 부처님은 사리자에게 사상(四相)인 아상(我相), 인상(人相), 중생상(衆生相) 그리고 수자상(壽者相)을 내리라고 강조한다.

사상(四相)에서 아상(我相)은 나 잘났다는 마음에 사로잡혀 제 욕심만 채우려 집착하는 어리석은 사람이다. 인상(人相)은 나와 남이 다르다는 상으로 드러나고, 중생상(衆生相)은 사람들이 모여 끊임없이 시비(是非) 다툼이 일어나는 모습을 보인다.

그리고 수자상(壽者相)은 나의 모습에 집착하여 살아가는 이런 삶이 영원할 것이라는 착각이다. 이 네 가지의 번뇌가 잠재되어 따라다닌다.

아상은 아집, 아애, 아견, 그리고 아만의 특성을 지닌다. 실상은 무아(無我)임에도 '나'가 있다고 집착하는 어리석음이 아집(我執)이다. 이 어리석음으로 '나'를 집착하여 좋아하는 마음을 일으키는 것이 아애(我愛)이다.

아애(我愛)를 중심으로 자신만 생각하고 남을 배려하지 않는 이기적인 견해가 아견(我見)이다. 아만(我慢)은 아견으로 남을 내려다보며 자신이 우월하다고 착각하는 마음이다.

　중생의 삶은 아상, 인상, 중생상, 그리고 수자상의 사상(四相)으로 온갖 경계에 미혹되어 생멸(生滅)하고 시시비비(是是非非)로 분별(分別)하고 갈등하여 번뇌와 고통이 생겨난다.

　중생들은 자신이 알고 있는 정보가 과학적으로 경험적으로 근거가 있다고 믿고 있지만, 이것들은 결국 한정된 시간과 공간 속에서 적용된 '한정된 알음알이'에 불과하다.

　행복한 수행자는 아상(我相), 아만(我慢)을 알아차리고 내려놓는 것이다. 하심이다. 그리고 두타행이다. 매일매일 끊임없이 잡초처럼 올라오는 자기 생각을 상(相)을 내려놓는다.

　영화와 치욕에 놀라지 아니하고 한가히 뜰 앞에 피고 지는 꽃을 볼 것이며, 가고 머무름에 뜻을 두지 않고 되는 데로 하늘 밖의 뭉치고 흩어지는 구름을 보리라.

　실제 하심의 수행과 실천이 없으면 한평생 노력해도 얻었다고 기뻐하지 않고 잃었다고 슬퍼하지 않는 경지에 도달하기 어렵다.

　하심하고 두타행 할 수 있는 것이 '무아(無我)'이다.

부처님의 수행법은 쉬운 것이니
시비라는 내 마음만 내려놓으면
온 누리가 부처님 세상이 되어
온갖 복덕 제 스스로 찾아오리라.
봄에는 꽃이 피고
가을엔 달이 밝네.
부질없는 일로 가슴 졸이지 않는다면
인간세상 호시절이 바로 이것일세.
– 무문선사 –

# 업(業)

무슨 소리를 듣고 무엇을 먹었는가?

그리고 무슨 말을 하고 어떤 생각을 했으면 내가 한 일은 무엇인가?

그것이 바로 현재의 나이다. 내가 쌓은 업이다.

이와 같이 순간순간 자신이 자신을 만들어간다.

얼음이 녹으면 물이 되고 물이 불이라는 인연을 만나면 수증기 구름이 된다. 구름이 시절인연이 되면 다시 땅 위의 비로 바뀌고, 눈으로 바뀌어 다시 돌아온다.

이런 현상을 안다면 얼음이 물이 됨을 물이 수증기가 됨을 관(觀)한다.


인간의 삶 역시 태어나서 나이가 들어 병들고 병들면 죽는다. 죽음 이후의 세계의 모습을 알게 된다면 무가애고 무유공포한다. 모든 것이 다 나다.

원수와 다투느라 자신의 인생을 헛되이 보내지 말자.

가족, 친척, 친구는 우리 인생에 잠시 찾아온 손님들이다.

'생각과 말과 행동으로 상처를 주었다면 부디 용서하세요.
가장 정성스럽고 사랑하는 마음으로 상대방의 상처를 안
아주세요.
자신이 마음 상하게 하고 상처 주었던 사람을 안아주세요.
생각과 말과 행동 때문에 상처를 받았다면 부디 용서하세
요.
가장 정성스럽고 사랑하는 마음으로 나의 상처를 안아주
세요.
부처님처럼 자비롭게 넓은 마음으로 타인을 용서하세요.'

한 단계 승화하여 고통, 충격, 번뇌, 상처를 준 사람을 사
랑해야 한다. 그들의 무지함이 상처를 주었다 해도 모두 인
연이 있어 일어난 일이다.

# 항복기심(降伏旗心)

육신(肉身)의 착(着)을 벗지 못한 사람들은 평생 육신의 노예가 되어 심부름만 한다. 육신이 부처님 심부름을 할 수 있도록 육신을 조복(調服)받고 부릴 수 있어야 한다. 더 나아가 마음을 항복기심(降伏旗心)해야 한다.

육신을 다스리면 현인(賢人)이고,
마음을 다스리면 성인(聖人)이다.

육신은 탐진치 삼독심의 덩어리이다.
탐심은 간탐(慳貪)심과 음탐(淫貪)심으로 나누어 볼 수 있다. 간탐심은 색과 물질에 대한 탐욕이다. 음탐심은 윤회의 원인이 되는 성욕에 대한 탐욕이다.
음욕심(淫慾心)이 일어나는 것은 욕망(慾望)의 산물로 태어났다는 사실이다. 음욕심의 불을 꺼야 윤회를 멈출 수 있다.
그리고 진심(嗔心)은 마음속의 불로 모든 공덕을 태운다. 그러므로 자신의 진심을 만나거나 남의 진심을 만나면 "진흙소가 물에 들어가는 것과 같이 보아라"는 경허스님의 말씀처럼 진심을 만나면 물에 담근다.

그리고 치심(痴心)은 참회(懺悔)와 지계(持戒)로 정진과 인욕바라밀로 이겨낸다.

세상의 모든 일이 나의 스승이요 교훈이다.

제행무상(諸行無常)
시생멸법(是生滅法)
생멸멸이(生滅滅已)
적멸위락(寂滅爲樂)

보고 듣는 모든 현상은 변한다.
곧 생하고 멸하는 법칙이다.
이 생멸이 생멸 아님을 깨달으면
곧 고요한 열반의 경지이리라.
－열반경(悅槃經)－

제
2
장

# 여름 - 수행하는 삶

# 어느 수행자

인생의 한때

죽을 만큼 사랑했던 사람과 모른 체 지나가는 날이 오고

또한 동고동락(同苦同樂)했던 사람과 전화 한 통 않을 만큼 멀어지는 날이 오고

그리고 죽이고 싶을 만큼 미웠던 사람과 웃으며 다시 볼 수 있다.

시간이 지나면 이것 또한 아무것도 아니다.

변해 버린 사람을 탓하지 않고

떠나 버린 사람을 붙잡지 않고

그냥 그렇게 봄날이 가고 여름이 오듯이

내가 의도적으로 멀리하지 않아도 스치고 떠날 사람은 자연스레 멀어지게 되고,

내가 아등바등 매달리지 않더라도 내 옆에 남을 사람은 무슨 일이 있더라도 내 옆에 남아 있다.

나를 존중하고 아껴주지 않는 사람에게

내 시간과 내 마음 다 쏟고 상처 받으면서

다시 오지 않을 꽃 같은 시간을 힘들게 보낼 필요가 없다.

비바람 불어 흙탕물을 뒤집어쓴다고 꽃이 아니더냐.

다음에 내릴 비가 씻어준다.

실수들은 누구나 하는 것이다.

아기가 걸어 다니기까지 3,000번을 넘어져야 겨우 걷는 법을 배운다.

나는 3,000번을 이미 넘어졌다가 다시 일어난 사람인데

우파니사타분의 일도 아닌 별것도 아닌 일에 좌절하지 말자.

이 세상에서 가장 슬픈 것은 일찍 죽음을 생각하게 되는 것이고 가장 불행한 것은 너무 늦게 사랑과 자비를 깨우치게 되는 것이다.

내가 아무리 잘났다고 뻐긴다 해도 결국 하늘 아래에 놓인 건 마찬가지다.

높고 높은 하늘에서 보면 다 똑같은 생물인 것이다.

아무리 키가 크다 해도 나무보다 크지 않으며

아무리 달리기를 잘한다 해도 동물보다 느리며

나보다 못난 사람들을 짓밟고 올라서려 하지 말고

나보다 잘난 사람들을 시기 질투하지 말고

그냥 있는 그대로의 나를 사랑하고 살았으면 좋겠다.

하늘 아래 있는 것은 다 마찬가지이다.

〈진정한 수행자〉


마침내 윤회의 고통이
다했음을 스스로 확인하고
생사의 모든 짐을 내려놓은 사람
족쇄를 벗어던지고 대자유에 이른 사람
여래는 진정한 수행자라 부르리.


어디 있어도 변함없이
홀로 좌정하고 홀로 자고
결국 자아를 굴복시키는 사람은
스스로의 갈애가 소멸되는 즐거움을 누리리라.


생사의 여정은 끝났다.
슬픔과 근심은 다하였으며
일체의 속박을 벗어난 수행자여,
그 마음에 추호의 괴로움이 올 때
육신이란 질그릇처럼 부서지지 쉬운 것

마음을 잘 다스려 성곽처럼 굳건히 하여
수행자여 반야의 힘으로 마군을 정복하라.
이제 그 무엇에도 패퇴하지 않으며
마음에 묻은 때 떨치지 못한 채로
욕망에 쫓기어 마음이 어지럽고
스스로 자기를 다스리지 못하면
가사를 걸쳐도 장담할 수 없다.

마음의 때를 다 씻어버리고
뜻을 맑혀 고요히 가라앉히며
자신의 마음을 잘 조복받아 잘 길들인 수행자
그야말로 가사 속에서 빛나는 사람

수행자의 감관은 차분하고 고요해라.
흠잡을 데 없이 길들여진 준마와 같네.
아만과 번뇌를 조복받으니
하늘과 신들도 우러러 받드는도다.
- 화엄경 -

# 인연(因緣) 2

세상은 온갖 생각의 투영이다. 세상은 생각인 에고놀음이다. 생각이 일어나고 생각이 변하고 생각이 갈등하고 생각에 울고 웃는다. 생각은 꿈같은 것이다.

생각은 아지랑이, 물안개, 아침이슬, 차별자....

수행자는 생각에서 생각을 씻는다.

수행자는 생각을 다스려야 한다.

수행자는 생각의 주인이 되어야 한다.

생각 스스로 일어나는 생각을 이겨야 한다.

사띠하고 내리고 비우고 방하착(放下著)한다.

생각은 인연에서 나오는 것이다.

본 마음자리에서 나오는 것은 지혜와 자비인 도이다.

도(道)는 단지 있는 그대로 바라볼 뿐이며 만들어지는 것은 아니다. 도는 무지역무득(無智亦無得) 이무소득고(以無所得故) 심무가애(心無罣碍) 무가애고(無罣碍故) 무유공포(無有恐怖)이다.

수행자는 생각에 걸리지 않는다.
수행자는 생각으로부터 자유로워야 한다.
생각이 오면 오고 가면 갈 뿐
단지 그대로 바라보기만 할 뿐이다.

# 팔풍(八風)

세상은 팔풍(八風)으로 괴로워한다.

팔풍은 세상의 관심거리 여덟 가지인 득(得)과 실(失), 즐거움(樂)과 고통(苦), 칭찬(稱讚)과 비난(非難), 명예(名譽)와 불명예(不名譽)이다.

중생은 팔풍으로 희(喜) 노(怒) 애(愛) 락(樂) 애(愛) 오욕(五慾)하며 생멸(生滅)을 되풀이한다.

수행자는 팔풍으로부터 자유로워야 한다.

수행자는 세상에 응물(應物)하되 염물(念物)하지는 않는다.

외식제연(外息諸緣)  내심무천(內心無喘)
심여장벽(心如墻壁)  가이입도(可以入道)
밖으로 끄달리는 모든 마음을 쉬고,
안으로 마음의 헐떡임을 없게 하여
마음을 장벽처럼 움직이지 않게 하면
도에 이룰 수 이다.
－달마대사－

내 마음속의 8만4천 번뇌가 들끓고 있다. 그 번뇌의 우두머리는 삼독이다. 삼독과 번뇌로 오독, 오장애, 십족쇄의 쇠사슬에 묶여있다.

삼독은 탐진치이고,
오독은 무지, 집착, 증오, 자만, 질투이며,
오장애는 감각적 욕망, 성냄, 게으름, 들뜸, 의심이고,
10족쇄는 감각적 욕망, 성냄, 게으름, 들뜸, 의심, 색계에 대한 욕망, 무색계에 대한 욕망, 관습의 상들, 유신견, 아만, 무명이다.

매순간 행주좌와 어묵동정에 사띠한다. 생각과 감정 그리고 오감을 신(身) 수(受) 심(心) 법(法)으로 사띠한다.

이 뭐고? 이 뭐고? 이 뭐고? 이 뭐고? 이 뭐고? 이 뭐고? 이 뭐고? 이 뭐고?
탐욕이구나. 내려놓아라.~

〈산〉

자신이 초라하고 보잘 것 없다고 생각되는 날엔

그저 산을 바라보며 산을 통째로 끌어안듯 깊이 호흡한다.

산이 되어 호흡한다.

어제 일했으니 오늘 쉬고 싶다.

아무도 관심 가져주지 않으니 외롭다.

매일 똑같은 일을 반복하니 지겹다.

산이 이런 말을 하는 걸 여태 들어 본 적이 없다.

산이 되어 호흡한다.

# 염불(念佛)

지위가 낮으면 인욕하기 좋고...

지위가 높으면 베풀기 좋고...

자기가 처한 환경과 조건을 긍정적으로 바라보아야 한다.

어차피 이 사바세계에 살거라면 긍정적으로 바라보아라.

심지(心地) 중에 세상 모든 것이 들어있다.

심지 속 업장 안에 마구니가 들어있다.

마장과 마구니를 컨트롤할 수 있는 힘이 다라니이다.

노는 입에 다라니를 염송염불하라.

8천만 번 염불하면 마구니가 힘을 잃고 무상정(無想定)에 이르게 된다. 다라니 속에 선한 것이 피어나고 악한 것이 올라오지 못하도록 하는 주문이 들어있다. 이 심지 속에 다라니와 더불어 대원(大願)의 씨를 통해서 꽃을 피워야 한다.

마음을 일심(一心)으로 오롯이 모아 염불하는 인연으로 부처님 세계에 태어난다.

〈광명진언(光明眞言)〉
옴 아모가 바이로차나 마하무드라
마니파드마 즈바라 프라바를타야 훔

# 오늘

　오늘이 꿈인 줄 알면 주술이 술술 풀린다.

　사람들이 행복하지 못한 이유는 그 행복을 목표하고 믿기 때문이다. 어제는 역사이고 내일은 미스테리이고 오늘은 선물이다. 아무리 진심을 담아 좋은 말을 할지라도 자기가 담을 수 있는 그릇만큼 업식만큼 못 받아들인다. 그러니 묵언(默言)하라. 단지 물을 때 대답하라.

　사람마다 불성을 가지고 태어나 살고 있다.

　다만 내 업식(業識)과 만나서 부딪쳐서 소리를 내게 된다.

　손바닥과 손바닥이 만나 소리를 내게 된다.

사람 마음처럼 덧없는 것 없어라.
사람 목숨이 바람보다 더 빠르다.
강물이 흐르지 않고 흐르는 것처럼
죽음을 향해서 끊임없이 걸어가는 것이다.
꽃을 보고 기뻐하면 내가 즐겁다.
상대를 보고 괴로워하면 내가 괴롭다.
지혜로 무지무명에서 벗어나고
자비로 대자유인이 되어라.

# 삼시(三時):세 가지 인연

매사에 열심히 정진하면 언제가는 시절인연이 되어 과보(果報)인 열매와 꽃을 피운다.

봄에 꽃이 피는 나무가 있고

여름에 꽃이 피는 나무가 있고

가을, 겨울에 꽃이 피는 나무가 있다.

또한 몇 년에 걸쳐서 3년에 한 번, 5년에 한 번 꽃이 피는 나무도 있다.

극선과 극악은 현생인 지금 과보를 받는다. 현생과보(現生果報)이다. 지금 과보를 받는 현생과보, 후생(後生)과보 그리고 후연(後緣)과보를 삼시인연이라고 한다.


밤에 꿈이 많은 사람은 그만큼 망상과 번뇌가 많다.

수행자는 가진 것이 적듯이 생각도 단순해야 한다.

따라서 생각도 단순하며 밤에 꿈이 없어야 한다.

야유몽자불입(夜有夢者不入)

구무설자당주(口無舌者當住)

밤에 잠 꿈이 많은 자는 들어오지 말라.

입에 혀 없는 자는 마땅히 머물 수 있다."

−석두스님−


입안에 말이 적고

마음에 일이 적고

배 속에 밥이 적어야 한다.

이 세 가지가 적으면 도인도 된다.


고윤독조 강산정(孤輪獨照 江山靜)

대소일성 천지경(大笑一聲 天地驚)

외로운 바퀴(달) 홀로 비추어 강산은 고요하기만 한데,

큰 웃음소리 천지를 놀라게 하네."

−옥련암 현판−

# 남편의 업식을 보다, 관(觀)

우리는 자기 자신이 만든 상(相)인 업식(業識)프로그램 (Program)을 기준으로 내가 만든 세상 속에 살고 있다. 이 업식은 무시무종(無始無終)의 세세생생(世世生生) 동안 보고, 듣고, 말하고 그리고 생각하는 행(行)인 상카라를 통해서 만들어진다.

그리고 매일 매일의 외부세계인 색(色)을 통해서 수(受)인 감수(感受)작용, 상(想)인 상상(像想)작용, 행(行)인 의욕(意欲)작용, 그리고 식(識)인 분별(分別)작용을 한다. 이 오온 (五蘊)의 내(內)적인 과정을 통해서 상(相)을 형성한다. 즉 시간(時間)과 공간(空間)의 12연기(緣起)인 무명 행 식 명색 촉 수 갈애 취착 유 생 노 병 사의 연기과정을 통해서 업식이 형성되어 간다. 이러한 내부와 외부의 세상과 연결되어 업의 식이 만들어지고 윤회의 삶이 폭류(瀑流)속에 내던져진 채 살아간다.

거시적인 육신(肉身)의 몸으로 살면서 미시적인 찰나의 순간을 꿰뚫어 보는 지혜(반야)의 부족으로 무지(無智)와 무명

(無明) 속에서 윤회를 거듭한다. 찰나의 순간을 반야의 힘으로 사띠하여 폭류 속에 던져진 나를 구하기 위해서 수행한다.

어떤 일이든 자신의 상(相)에 맞지 않으면 진심(嗔心)인 분노, 짜증, 화가 일어나고 자신의 아뢰야식에서 원망, 미움과 증오가 폭발한다. 다시 말하면 땅속의 마그마가 외부의 지진이라는 인연을 만나면 밖으로 폭발하는 것과 같다.

부처님 법인 담마는 원인을 알고 원인을 제거하는 법이다. 자신의 부정적인 에너지를 제거하지 않으면 원인에 따라 언제든지 폭발할 준비가 되어있는 법이다.


남편의 업식(業識)을 보게 되니,
내 심장이 고요하고 평화롭다.
집착에서 벗어난 듯 부동(不動)의 상태이다.
깊은 곳에서 자비심이 올라온다.
내 깨달음을 얻어 반드시
남편을 편안하고 행복하게 하리다.
내 깨달음을 얻어 반드시
남편을 고통과 번뇌에서 평화롭게 행복하게 하리다.

성(화) 안 내는 그 얼굴이 참다운 공양구요
부드러운 말 한마디 미묘한 향이로다.
깨끗해 티가 없는 진실한 그 마음이
언제나 한결같은 부처님 마음일세.
- 문수동자 -

# 60대의 Beautiful Life

어느 틈에 내가 거의 60년을 살아왔나 스스로 놀랄 때가 있다. 그리고 한 번도 살아보지 못한 60대의 세상은 내게 어떻게 펼쳐질 것인가 기대도 되고 염려도 된다.

분명한 것은 내 기억력이나 판단력 추진력은 전보다 떨어질 것이고 내 신체는 좀 더 둔해지고 면역성이 약해질 것이고 눈과 귀는 조금씩 더 아득해질 것이다. 그러나 나는 내게 일어나는 갖가지 신체적 변화들은 수순(隨順)하는 마음으로 감사하게 받아들이면서 나의 다가오는 60대 세상을 새로운 세상으로 맞이할 준비를 하고 있다.

지금까지 살아왔으면서도 다르게 느껴지는 세계.....

그리고 죽음 준비...

그러나 더욱 열정적으로 수행하며 살아야겠다고 다짐한다.

이런 나에게 최근에 '자유롭게 그리고 고독하게'라는 문구가 화두처럼 다가왔다.

50대 후반에 들어선 나는 젊었을 때보다 참으로 자유롭다. 눈치 보고 조심해야 할 어른이 없고, 돌보아야 할 군더

더기 일들도 없다.

젊어서는 자신도 없고 뱃심도 없어서 하고 싶은 일을 못할 때가 많았으나 이제는 다른 사람들에게 받을 부정적인 말들을 받아들일 너그러움이 생긴 것 같다.

진언(眞言)을 해야 할 때에는 눈치 보지 않고 바로 할 수 있는 당당함이 있다. 그러나 사랑하던 사람들을 먼저 보내고 가까운 사람들이 병석에서 고통을 당하는 현실 속에서 나는 한없이 외롭고 고독하다. 외로움이 자아의 빈곤이라면 고독은 자아의 풍요라고 말하는 사람이 있다. 그 말대로 나는 외롭기보다는 고독하려고 노력한다.

고독해하는 나의 모습에 품위있게 절제있게 나의 고독을 포용하려고 노력한다. 또한 고독한 사람은 혼자 있으며 따라서 자기 자신과 함께 있을 수 있다. 그렇게 할 수 있는 자기 자신과 이야기를 나눌 수 있는 능력이 있기 때문이다. 고독은 나와 나 자신 사이에 일어나는 대화이다.

나는 이제 노년기의 신참자로서 자유롭게 편안하게 고독하게 열심히 나와 대화하며 살아가려는 의지를 잃지 않으며 공부하다 죽을 것이다.

"공부하다 죽어라" 한암스님의 말이 귓가에 울린다.

산에서 홀로 명상하고 있을 때
내 스승은 항상 이곳에 있네.
모든 부처가 항상 나와 함께 있네.

내가 만난 모든 인연은
상황에 따라 모습을 바꿀 뿐
그저 나를 성장시키려 온 사람들이다.

# 부부의 인연(因緣)

옷깃을 한 번만 스치면 인연이 시작되고, 불가에서는 하룻 밤의 인연이라도 천년의 만남이 있었기에 가능한 인연이라 고 한다. 하물며 가장 가까운 부부의 인연은 세세생생 깊고 깊은 인과 연으로 연결된다.

이번 생에 어머니 같은 아내, 누이 같은 아내 그리고 친구 같은 아내를 만나기도 한다. 어머니 같은 아내란, 남편이 남 들에게 흠잡히지 않게 어머니가 자식을 생각하듯 모든 것을 챙겨주는 아내이며, 누이 같은 아내란 혈육을 나눈 형제처 럼 순수한 마음으로 누이가 오라버니를 섬기듯 하는 아내이 며, 그리고 친구 같은 아내란 서로 의지하고 사랑하며 그 어 떤 비밀도 없고 잘못을 보면 충고하는 어진 벗과 같은 아내 이다.

이번 생에 남편과 만난 인연의 숙제를 알고 싶어서 수행에 몰두했다. 설산에서 뼈를 깎는 고통으로 공부하고 수행한 다. 숙제를 거의 해결한 것 같다. 지금까지의 결론은 부처님 빚 갚기 위해서 결혼한 인연이다. 부부로 만난 인연법의 인과를 알게 되었다. 수행하면 육안(肉眼)뿐만 아니라 혜안(慧眼) 그리고 법안(法眼)으로 인연과보의 도리를 알게 된다.

참으로 고맙고 감사한 분이다. 내가 세세생생 모든 것을 던지고서라도 내 목숨을 바치면서도 은혜를 갚아야 할 분이다.

남편 때문에 눈물을 흘리고 비통해 하지 않았으면 내가 어찌 사람이 되었겠는가?

남편 아니었다면 내가 어찌 불법의 진리를 가까이 해서 깨달을 수 있었겠는가?

남편 아니었다면 내가 담마 수행을 이렇게 할 수 있었겠는가?

남편이 남편이 아니고, 자식이 자식이 아니고, 부모가 부모가 아니다. 이름이 남편이고 이름이 자식이고 부모님이다. 만난 인연법의 인과도리를 알고 인연을 마주한다.

우리는 평생을 살아가면서 단 한 사람 특별한 사람을 만난다. 그 사람이 바로 나의 아내요, 남편이다. 이 두 사람의 인연은 수천의 생이 반복된다고 해도 다시 만날 수 있는 위대한 인연임을 알게 된다.

# 지구에서 삶의 의미

지구에서 삶의 의미는

이해하고 용서하여 자비를 실천함으로써 성장하는 시간들
이다.

삶은 매순간 배움의 순간들이다.

부자인 사람은 사랑을 베풀수 있는 기회이다.

가난한 사람은 그 가운데 자비를 실천하여 극복할 수 있는
기회이다.

함께 살아가는 사람들과의 다툼은 상대를 이해할 수 있는
기회이다.

아픔을 당한 피해자는 피해자를 용서할 수 있는 기회이다.

가해자는 그런 방식의 삶은 안된다는 것을 배울 수 있는
기회이다.

실패는 또 다른 방식을 배울 수 있는 기회이다.

육체의 아픔은 몸의 존재방식을 배울 수 있는 기회이다.

노화는 젊은 시절에 대해 감사할 수 있는 기회이다.

매 순간 참회와 성숙의 기회이다.

오직 정성을 다해서 용서하고 또 자비를 실천하는 것이
지구에서 인간이 걸어야 할 길의 전부이다.

나의 헌신과 사랑이
이제 가족을 넘어 다양한 사람들의 삶 속에서
희망과 기쁨이 되게 하소서~
저 또한 그때까지 고해의 바다에 머물러
사람들이 괴로움에서 벗어나기를
사람들을 도울수 있게 하소서~
뭇사람들의 선한 마음과 이익을 위하여
보리심을 일으키고
육바라밀을 통해서
보현행을 실천하게 하소서~
허공계가 다하고
중생계가 다하고
중생업이 다할 때까지
나의 행원은 끝이 없습니다.
−화엄경−

# 미용고사 만트라

아버지와 어머니 자식이 그리고 모든 생명체가 공존하는
우주에서 만일 내가 만난 모든 인연들에게 세세생생 무지무
명으로 탐진치만의로 신구의로 상처를 주었다면 부디 용서
바랍니다. 그리고 부디 모든 원망과 분노를 씻어 대방광불
의 자비의 빛으로 바꾸소서~

"미안합니다.
용서하세요.
고맙습니다.
사랑해요."

꿈속에서 보석, 살인, 고통, 번뇌를 본다.
꿈속에서 산더미 같은 금덩이를 갖고 있다 한들
꿈속에서 죽을 것 같은 사랑을 한들
꿈속에서 죽을 것처럼 고통스러워한들
깨고 나면 한바탕 꿈일 뿐

실체가 있는 것처럼 느껴지지만 실체가 없다.

그러니 인생을 한바탕 연극처럼 관조하며 하심하라.


몸으로 완전히 체득하고 내가 살고 있는 이 세상이 한바탕 꿈임을 관(觀)하게 될 때 이것을 중도(中道)라고 한다. 꿈속에서 꿈을 꾸지만 이 꿈이 꿈이라는 것을 알고 꿈을 꾸는 것이다.

꿈속에서 꿈을 꾸는 것이다.


"죽음님,

언제라도 오세요.

오늘 이후에 언제든지 오세요.

적당한 때에 너무 늦지 않게 오세요."


내게 손해를 준 사람은 내가 진 빚을 갚게 해줘서 감사합니다. 베풀 때는 보시할 때는 아무런 대가 없이 마치 꾸어간 돈을 갚듯이 감사합니다.

# [와칭(Watching)]을 읽고

살생한 자는 상대의 생명에너지를 빼앗았기에 자신의 생명에너지를 빼앗기게 된다. 도둑질한 자는 상대의 물질에너지를 +했기에 자신의 물질을 -하게 된다. 폭력을 행하면 폭행이 되돌아오고, 자신에게 유리하게 상대를 속인 거짓말은 상대방으로부터 거짓과 시기의 에너지를 받게 된다.

인간의 감정도 마찬가지이다. 숨어있는 감정은 -이고 표면의 드러낸 감정은 +이다. 내면의 감정을 억누를수록 반대급부로 더 거세게 올라온다. 감정이 +감정이 올라오면, 신피질인 통제자가 "화가 일어나는구나"라고 달래주면 변연체인 아미그달라인 감정이 사라진다.

아미그달라는 아상(我相)의 억눌린 감정이다. 아상인 아애(我愛)는 사랑받고 싶어한다. 외면하면 공격한다. 아만(我慢)은 인정받고 싶어하는 마음, 아견(我見)은 칭찬받고 싶어하는 마음이다. 이러한 아상이 외면, 무시, 비난, 비판으로 인정받지 못하면 공격하는 감정인 화가 일어난다.

신피질인 통제자는 사띠로 "화가 일어나는구나." 바라본다. 자신의 감정을 존중하고 있는 그대로 받아들여라. 있는 그대로 본다. 그러면 그냥 흘러가게 된다.

# [당신의 질문에 전생은 이렇게 대답합니다]를 읽고

전생은 현생의 빅 데이터로 카르마 법칙이 입력되어 나무의 나이테처럼 과거생에 우리가 만들어 낸 모든 생각과 행동에 대한 기록을 남긴다. 이것이 인간에게 신이 주신 암호이다. 알고 보면 바로 자기 자신이 세세생생 살면서 윤회하면서 장구한 드라마라는 작품을 창작한 자이다.

전생에서 지은 얼룩은 지구라는 곳에서 이번 생에 세탁하는 과정이다. 이번 생은 삶의 놀라운 반전의 기회이자 삶에 오염된 우리의 영혼과 육신을 깨끗하게 세정할 기회이다. 한마디로 기막힌 찬스인 셈이다. 천연세제는 착한 의지로 행하는 선행이다.

우리의 의식은 무의식에 뿌리를 두고 있어 송과체라는 뇌의 상위라인의 명령과 지시에 따른다. 그곳에 바로 전생의 정보를 저장한다. 예를 들면 전생의 업연을 만나면 성적 도파민인 신경전달물질이 왕성하게 활성화되어 두 남녀를 사랑이라는 감정에 빠져들게 한다.

이면에는 영적 목적이 숨어 있다. 서로의 카르마를 풀기 위해 감정의 굴레인 카르마로 연결된 숙명의 힘이 작용한다. 그러니 이번 생에 인과의 도리를 알아서 지혜롭게 살아야 한다. 그리고 우리의 육신은 영혼이 입고 있는 옷으로 원인과 결과의 복합적 상호작용을 통하여 모든 불완전함이 완전히 해소될 때까지 환경의 과정은 끝없이 이어진다.

# [더 해빙(The Having)]을 읽고

'더 해빙'은 있음을 나누는 마음의 세계를 다룬 책이다.

있음을 다루는 방법은 감정 에너지의 활용이다. 감정이란 현실을 변화시키는 힘의 에너지이고 인간의 생명력이다.

이성의 최고봉인 AI는 표현을 모방할 뿐 감정에너지는 없다. 실제로 자신의 상황을 바꾸는 열쇠는 AI의 생각이 아니라 바로 감정이다.

이성이 지배하는 사회의 부속품이 되지 않으려면, 더 나은 미래를 열 수 있는 비밀인 감정을 잘 다루어야 한다. 감정은 태어날 때 우주에게 선물받은 에너지이다.

마음의 근육을 통해 스트레스로 근육이 뭉치게 되면 긴장 에너지는 우주 속에 경직되어 주파수와 상응한다. 그래서 불안과 긴장이 다가오고 기쁨과 편안한 감정의 에너지로 다룰 수 있는 마음의 근육이 필요하다.

지금 흔들린다 해도 인생 여정의 일부로 받아들인다.

마음이 불안해하고 조바심을 내도록 그대로 두고 편안하게 행동한다.

마치 휴식해야 몸이 건강해지는 것처럼 마음도 휴식해야 더 건강해진다.

'더 해빙'에서는 돈을 쓰는 순간 나에게 건강한 소비를 할 수 있는 방법들과 돈이 있음을 감사하고 이 기쁨을 만끽하라고 설명한다.

나아가 더 해빙은 양자물리학적인 우주의 에너지를 활용하는 방법을 다룬다. 그 방법으로 욕계(欲界)에 살고 있는 우리가 누리는 물질을 긍정적인 에너지로 다루게 되면 행운과 복이 자신에게 돌아감을 설명한다.

또한 이러한 물질을 어떻게 긍정적인 에너지로 다룰 것인가 하는 방법을 소개하고 있다. 예를 들면 누리고 있음을 느끼고 감사하라는 것이다.

감사하는 마음이 우주의 복덕을 불러오는 신호임을 말하고 있다.

# 행복한 수행자 1

번뇌를 제거하는 방법은

먼저 주변환경을 깨끗이 정리 정돈한다.

주변환경과 더불어 인간관계도 정리 정돈한다.

그리고 감각적 욕망을 행주좌와 어묵동정에 알아차리고
내려놓는다.

부귀 영화 명예는 내 것이 아니라고 내려놓는다.

자족(自足)한다.

또한 생각과 감정의 방해세력이 나타나면,

생각은 무조건 STOP하고 감정은 강물처럼 흘려보낸다.

그리고 수시로 요가 및 근력운동과 영양 있는 음식을 섭취
한다.


둘째로 정신의 집중이다.

좌선으로 아나빠나사띠 사마따 위빠사나 한다.

말하는 소리를 본다.(觀)

그리고 움직일 때는 행선한다.

걸어가면서 발에 생각을 집중하고
'들어 앞으로 놓음.....'
더 나아가 행주좌와(行住坐臥) 어묵동정(語默動靜)에 항상
사티한다.
탐진치를 방하착하고 아상과 아만을 하심하고, 항상 일심
으로 만트라 한다.


제법종본래(諸法從本來)
상자적멸상(常自寂滅相)
불자행도이(佛者行道已)
내세득작불(來世得作佛)


모든 법은 본래부터 오면서
항상 스스로 적멸의 모습이니
수행자가 이런 도를 수행하면
오는 세상에 성불하리라.
－법화경(法華經)－

# 오대산 노스님의 인과 이야기

금생에 받는 그것이 전생에 자기가 한 일이라네.
현생에 지은 업이 내생에 만들어질 세계이다.
전생에 무슨 일을 했는가?
현생에 내가 하고 있는 일이다.
다음 생에 어떤 일이 생길 것인가?
현생에 자신이 행하는 일이라네.


욕계 유익한 행위를 하면 자타(自他)에게 좋은 일이요.
욕계 해로운 행위를 하면 자신도 타인도 해롭게 된다.


자업자득(自業自得)이다.
자작자수(自作自受)이다.
내 마음에 분노가 일어날 때 무조건 참회한다.
상대방으로 인해 내 마음이 속상할 때 무조건 참회한다.
세상일이 내 마음대로 안 풀릴 때 무조건 참회한다.
매일매일 참회하고 참회한다.

〈한(恨)〉

한 억울함을 알아주면 한이 풀린다.

인정을 받으면 화병이 없어진다.

인정을 받으면 정신병이 없어진다.

# 무념, 무상, 무주, 무아수행

무념(無念)수행은 견문각지(見聞覺知)에 끄달리지 않는 것이다. 텅 빈 허공 모든 것은 스치고 지나가는 바람이요 구름이요 흘러가는 시냇물일 뿐이니 텅 빈 허공 같은 마음뿐이다. 오직 소리에 놀라지 않는 사자처럼, 그물에 걸리지 않는 바람처럼, 진흙에 물들지 않는 사자처럼, 무소의 뿔처럼 혼자서 갈 뿐이다.

무상(無相)수행은 일체유위법인 상(相)에 끄달리지 않는 것이다. 일체유위법은 여몽환포영하고 여로역여전하니 응작여시관한다.

무상(無常)수행하라.

색수상행식 오온은 개공하니 색(色)이라는 것 역시 일체가 생멸멸이요 즉 일어났다 사라지고 생겼다가 없어지고 하니 생멸멸이를 체득하게 되면 적멸위락에 이르게 된다.

무주(無住)수행하라.

어떤 것에도 머무르지 않는다. 불응주색생심 불응주성향미촉법생심 응무소주 이생기심(不應住色生心 不應住聲香味

觸法生心 應無所住 以生其心)한다. 강물은 끊임없이 흐르고 바람은 항상 분다. 그 어디에도 머무르지 말아라.

무아(無我)수행하라.

행심반야바라밀 수행으로 오온이 개공함을 알면 도일체고 액이라. 색자재, 심자재, 법자재로 관자재보살로 살아라. 나로 이루어진 오온이라는 것은 불지혜로 보면 공임을 알게 된다. 즉 무아일 뿐이다. 무엇에 집착하여 생로병사 우비고 뇌로 희노애락하며 고통스러워할 것인가. 나 자신이 무아임을 알고 그 무엇에도 집착하지 않고 대자유인으로 걸림없이 살아가리라.

행복한 수행자는 무념수행, 무상수행, 무주수행, 무아수행으로 내공을 만들어간다.


내공은 티끌을 비워내고
내 마음의 그릇을 키워
무량겁의 보배를 담는 것.
비워라, 내려라, 버려라.
단지 알아차리고 방하착(放下著)한다.

# 자비도량참법(慈悲道場懺法)

 참(懺)이란 지나간 허물을 뉘우치는 것이다.

 전에 지었던 악업, 즉 어리석고 교만하고 후회하고 시기하고 질투한 것들을 다 뉘우쳐서 다시는 일어나지 않도록 하는 것이다.

 회(悔)란 다음에 오기 쉬운 허물을 조심해서 그 죄를 미리 깨닫고 아주 끊어 다시는 짓지 않도록 결심하는 것이다.

 범부는 지나간 허물을 뉘우칠 줄 알면서도 앞으로 다가올 허물을 조심할 줄 모른다. 그러므로 범부인 나는 지나간 죄도 없어지지 않고 새로운 허물이 계속해서 생긴다.

 세세생생 수억 겁을 살면서 자신이 지은 죄업이 태산보다 높고 이것이 장애가 되어 나타난다.

자비도량참법(慈悲道場懺法)은 중국 양나라 무제가, 살아 생전에 성품이 악독하여 질투심으로 온갖 악행을 저질러 죽어서 구렁이 몸을 받은 황후 치씨를 위하여 고승대덕을 모셔 편찬한 참회의식의 책이다.

　중생의 속성과 습성은 늘 자기중심적 사고 속에서 탐욕과 증오와 어리석음의 악습을 되풀이하고 있다. 이 탐진치 삼독을 끊어내고 우리가 지닌 참된 불성을 드러나게 하려면 자기 수행인 참회가 선행되어야 한다.

　매일매일 일 배 일 배 자비도량참법을 독송하고 정성을 다해서 참회하며 다생(多生)의 업장(業障)은 소멸되고 지혜 자비가 자라나기를 기도한다.

# 이번 생에 1

 이번 생에 수행자는 제법과 제행이 일체개고임을 알고 마음에 휘둘리지 말아야 한다. 마음이 하는 일은 고통만들기이다. 이런 고통을 만드는 마음에 휘둘리지 말아야 한다. 하기 싫어하는 것들에 더 친절하게 하는 방식을 택한다.
 예를 들어 왠지 싫어하는 사람이 있다면 더 친절하게 대접한다.
 마음이 욕심을 부리면 더 베푸는 방식으로 보시한다.
 마음의 의도와는 관계없이 자비를 베푸는 방식으로 보시한다.


 에고의 방식인 업식으로부터 벗어나
 고통으로부터 벗어나
 윤회에서 벗어나
 대자유인이 된다.

그리고 이번 생에 수행자는 에고가 원하는 것을 주지 않는다.

나를 주장하지 않는다.

나를 강화하지 않는다.

살고자 하는 나조차도 저항없이 내맡기고서

그래서 죽음조차도 받아들일수 있을 때

마음은 꽃이나 나무처럼 고요하고 평화롭다.

이 모든 것은 자신으로서는 어찌할 수 없는 것이니 내맡기고 수용하라.

그 누구도 생로병사를 피할 수 없다.

살고 싶어도 때가 되면 숨은 저절로 멈추고

살아야 할 운명이라면 하늘이 기적을 행해서라도 살린다.

그러니 나조차도 하늘에 맡겨라.

이 존재에 대한 모든 것을 뜻대로 이루소서.

이 육체의 죽음까지도 뜻대로 이루소서.

# 이번 생에 2

단지 이번 생에
참회하고 감사하는 마음으로 살면서 진심으로 기도한다.


욕심과 아집을 버리고
보리심을 발하면서 기도하면
지나간 시간의 빚덩어리가 풀어지고
고약한 인연줄이 끊어지면서
앞날에 평화로운 행복이 펼쳐진다.
갖가지 업보와 얽힌 인연 때문에 고통받는 이 사바세계에서
모름지기 어렵고 힘든 때일수록
깊은 믿음으로 불보살님을 염해본다.
마치 의지할 데 없이 두려움에 떨고 있는 나를
잡아주고 구해줄 존재가 있다는 것만으로도
두려움이 줄어들고 평화가 찾아온다.


세세생생 살면서 탐욕과 성냄과 사견에 젖은 채

너무나 많은 아상(我相)의 산을 쌓고 너무나 많은 구덩이를 파며 살아왔다.

　기도하면 구덩이 속의 장애들이 모습을 드러내어 고비고비를 만나게 된다.

　"바람아, 불어라. 나는 한 그루의 겨울나무가 될 테다."

　"터질 테면 터져라. 죽음이라도 모두 다 받아들일 테다."

　이렇게 작정하고 기도한다.

　흔들림 없는 자리에 들어선다.


내가 지금 받는 장애와 멸시와

막힘과 푸대접을 받는 이 순간이

죄업이 녹아 없어져가는 순간임을 알고 수행한다

끝까지 물러서지 말고

포기하지 말고

억지로라도 한다.

매일매일 천 일 만 일 죽을 때까지 하다 보면

법희삼매로 극락왕생하리라.


기도성취는 빠르고 늦음의 차이가 있을 뿐

기도성취의 인연이 무르익으면 시절인연이 다가온다.

# 행복한 수행자 2


무유정법(無有正法)을 만나면 지금까지의 가슴 아픈 일이
은혜와 복으로 바뀌게 된다.

어떤 사람은 부 권력 명예로 만대(萬代)의 복(福)을 짓고

어떤 사람은 부 권력 명예로 세세생생(世世生生) 망(忘)하
는 짓을 한다.

진정한 불법(佛法)을 만나야 한다.


내가 밑바닥을 기고

그 고통을 겪지 않으면 내가 어떻게 사람이 되겠는가?

그 고통으로 영원한 깨달음을 얻게 된다.


지금 겪는 희노애락 흥망성쇠 생로병사 우비고뇌

그 모든 일이 깨달음으로 이끄는 스승이다.

현재가 최상의 선물이다.

원이차공덕(願以此功德)

보급어일체(普及於一切)

아등여중생(我等與衆生)

당생극락국(當生極樂國)

동견무량수(同見無量壽)

개공성불도(皆共成佛道)


원컨대 이 공덕으로써

일체중생에게 널리 미쳐서

나와 내 가족 그리고 모든 중생들이

마땅히 극락정토에 태어나서

무량한 수명을 가진 부처님(아미타불)을 함께 뵙고

모두 함께 불도를 이루어지이다.

-화엄경-

# 인연(因緣) 3

어떤 인연은 나를 성불시킨다.
어떤 인연은 나를 해탈시킨다.
어떤 인연은 복을 짓게 한다.
이 세상의 원수는 자식도 남편도 아닌 바로 자신이다.
나의 어리석음이요 나의 탐진치요 나의 상(相)과 에고이다.

내가 가진 모든 것 내려놓고 가야 한다.
나의 재산도 잣대도 다 내려놓고 가야 한다.
금강경에 나오는 가리왕처럼 활절신체(活絶身體)에도 분
노하지 않고
세상이 무너짐에도 흔들리지 않고
모든 인연에 시비(是非)하지 않아야 한다.
이것이 불지혜이다.

모든 사람은 자신의 업식(業識)대로 말하고 행동한다.
업식프로그램에 따라 조건-반응의 S-R 시스템이 움직인다.

업식프로그램에 일비(一批) 일희(一喜)하며 살고 있다.

행복한 수행자는

상대방의 일비에 내 마음이 어떻게 일어나는가를 사띠하고

상대방의 일희에 내 마음이 어떻게 일어나는가를 사띠한다.


거대한 쓰나미가 몰려온다.

코로나19 바이러스가 퍼진다.

지진, 태풍, 홍수, 화재, 산불.... 자연재해가 불어닥친다.

외부의 조건 환경을 내가 어찌할 수 있겠는가?

부동심(不動心)으로 단지 바라보아라.

단지 바라보기만 하면 된다.


외부 세계에서 꽃이 피고 바람이 불고 무더위가 다가온다
고 해도

 그것에 내 마음을 일비일희하면서 눈물로 비탄으로 사는
것이 아니라

 파도타기를 즐기면서 산다.

 더 큰 파도, 너 높은 파도일수록 파도타기가 좋다.

 파도타기를 관하면서 바라보고 사띠하다.

"파도 타는 놈은 뭐꼬?
파도 타는 것을 바라보는 놈은 뭐꼬?"
자연의 순리대로 사는 것이 법임을
흘러가는 대로 흘러가게 해야 한다.


강물처럼, 구름처럼, 바람처럼
생각과 감정과 느낌을 흘러보내고 흘러보내라.
그물에 걸리지 않는 바람처럼......

# 이번 생에 3

아미타불이 계신 서방정토는 10만억 8천리 멀리에 있다.

10만억은 10악업을 제거하고 10선업을 이루어 8천리는 8사견을 제거하고 8정도의 길로 가는 길이며 마침내 아미타불의 용화선에 오른다. 여기서 10악업은 신구의로 짓는 열가지 죄악으로 살생, 투도, 사음, 망어, 기어, 양설, 악구, 탐욕, 진애, 사견이며, 10악업을 버리고 10선업과 8정도가 아미타불(阿彌陀佛)로(路)이다. 8정도는 정견, 정사유, 정어, 정업, 정명, 정정진, 정념, 정행이다.

그리고 미륵불의 세계는 자색광명이 온몸으로부터 방광하는 용화세계의 미륵부처님세계이다. 미륵부처님은 5십 6억 7천만 년 후에 이 사바세계에 하강하신다. 여기서 5십은 오감으로 발생하는 오욕을, 6억은 육근과 육경을 7천은 제7식인 에고를 닦아서 초월하면 누구든지 미륵존 여래불이 된다.

우리는 남섬부주 사바세계에서 인간의 몸을 받아서 살고 있다. 이 세계에서 일어나는 마음이 남을 꾸짖는 마음을 연습하면 개의 몸을 장만하고, 남의 허물을 찾는 연습은 고양

이의 몸을 장만하고, 남을 이기려는 마음 연습하여 말의 몸을 장만하게 된다. 축생으로 윤회한다.

행복한 수행자는 한마음 일어나는 마음 하나하나 모두 사띠하고 하심하는 연습으로 부처님 광명으로 해탈시키면 몸받을 원인이 없으니 생사윤회를 끝낼 수 있다.

천일 닦으면 고기 세포가 밝게 바뀌고 삼천 일 닦으면 뼈세포가 밝게 바뀌고 구천 일 동안 잘 닦으면 대뇌 세포가 밝게 바뀐다. 즉 환골탈퇴(換骨脫退)한다.


모든 존재들이 바로 이번 생에
열반에 쉽게 빠르게 도달하기를 기원합니다.
고통받는 이들이 괴로움에서 벗어나고
엄습하는 두려움이 사라지기를
모든 비탄을 벗어버리고
모든 존재들이 안식을 찾기를
모든 존재들이 우리가 이렇게 얻은 공덕으로 행복을 성취하기를
우주와 지구에 사는 존재를 힘센 천신 용신들이
우리가 얻은 이 공덕을 함께 나누기를
붓다의 가르침을 오랫동안 보호하기를

내가 쌓은 수행의 공덕들로 인해 나와 모든 이들이
미래에는 극락에 태어나서 무량수부처님을 뵙고 모두 성
불하기를

수행하는 사람은 사물, 사건 그리고 사람을 '좋다' '나쁘다'
로 보지 않는다. '다만 있는 그대로 본다.' 명상을 하는 이유
는 번뇌를 내려놓기 위해서이며, 경전을 독송하는 것은 무
명에서 벗어나 지혜를 얻기 위함이다.

물이 아무리 더러워도 물 자체는 본래 깨끗하다. 거르고
거르면 제아무리 더러운 물이라도 깨끗한 물이 된다. 물 자
체는 더러워지지 않는다. 물에 다른 것이 섞여 있어서 더러
워진다. 우리 마음에 모든 탐진치 삼독을 걸러내면 어떤 사
람도 다 청정해진다. 우리 마음이 인과에 오염되어서 제9식
을 못 쓴다. 제8식 제7식도 못 쓴다.

마음인 에고는 탐진치 삼독 덩어리가 부지불식간에 행인
상카라인 오온과 어울려서 작동한다. 행복한 수행자는 끊임
없이 사띠한다.

짧은 숨을 들이쉬면 짧은 숨을 들이쉰다고 안다.

긴 숨을 들이쉬면 긴 숨을 들이쉰다고 안다.

이 몸이 늙어지면 늙어가는 줄 알고

이 몸이 병들면 병드는 줄 알고

이 몸이 죽으면 죽는 줄 알 뿐이다.

단지 있는 그대로 보아라.

단지 있는 그대로 바라보기만 하라.

시간과 공간의 세계에서 인간은 자신의 세계를 만들어 낸다. 오온의 업식 속에서 인연과보의 연기법으로 만나는 대상인 인연에 따라 업식이 다르게 작용한다. 조건에 따라 업식덩어리인 오온이 발생한다.

이번 생에도
다음 생에도
조건이 되면 또다시
고통이 시작되니
이번 생에도
다음 생에도
조건의 일어남을 보고
조건의 사라짐을 보고
오온의 공을 보고 도일체고액하리라.

# 삼소수행

생각을 적게 하는 사소(思少)
말을 적게 하는 언소(言少)
음식을 적게 먹는 식소(食少)
삼소 수행한다.

남의 잘못에 눈감을 수 있어야 한다.
남의 실수에 입 닫을 수 있어야 한다.
일체유위법이 여몽환포영이니
다만 꿈속에서 즐길 뿐이다.
꿈을 바라볼 수 있는 내공의 힘이 있어야 한다.

수류임급경상정 (水流任急境常靜)
화락수빈의자한 (花落雖頻意自閑)
흐르는 물이 아무리 빨라도 주위는 고요하고
꽃은 떨어져도 마음은 스스로 한가하다.
– 오유운 선비 –

# 참회 1

지난 세월
탐욕으로 부귀영화 영달을 꿈꾸며
살아온 삶을 진심으로 참회합니다.

지난 세월
탐욕으로 화내고 적대감, 적의감을 가지고
진심으로 살아온 삶을 진심으로 참회합니다.

이 모든 것이
부처님법 모르고
어리석은 치심으로 살아온 삶을 진심으로 참회합니다.
이제부터는 부처님법 만났으니 탐진치에서 벗어나
에고놀음 중생놀음에서 벗어나 주인공으로 살겠습니다.

살기힘든 지난세상 무지하여 저지른일
이런저런 이유대며 핑계될일 많지만은

지금다시 돌아보며 참회하며 발원하니
아이들아 미안하다 정말정말 미안하다.

탐진치에 찌든마음 세상고락 헤메느라
부처마음 잊었구나 미안하고 부끄럽네.
다시한번 돌아보며 참회발원 하옵니다.
옴 살바못지 모다야 사바하
옴 살바못지 모다야 사바하
옴 살바못지 모다야 사바하

남을죽여 제살리고 남을밟아 제높이며
어리석은 교만함이 불자할일 아니로다.
제가지은 악한행위 전생일을 생각하면
화를내고 원망하며 남의탓을 하겠는가.

진심으로 뉘우치고 삼보전에 참회하니
가득하고 진실된맘 산천초목 울리느니
오늘기도 지극정성 마음속에 깊이새겨
마음열고 눈을떠서 부처님을 친견하세.

# 생활수행 1

내가 만든 기준을 건드렸다.
그 기준에 맞으면 옳다. 그 기준에 틀리면 그르다.
분별하는 생각이 일어난다.
내 기준(program)에 맞으면 좋다. 안 맞으면 화가 난다.
감정이 일어난다.

상대가 건드린 것은 상대가 아니라 내 마음이 만든 것이다.
오랜 세월 동안 아뢰야식의 세계에 따라 생멸을 반복한다.
그리고 그 기준에 따라 계속해서 윤회한다.

매순간 지금 여기에서 일어나는 오감각을 알아차리고,
생각이 일어날 때마다 "몰라"하면서 방하착(放下著)하고,
호흡으로 VR(공) 에고놀음을 흘려보낸다.

감각을 알아차리고, 생각을 내려놓고, 감정을 내려놓는다.
매순간 내려놓고, 완전히 놓아야 선정에 들어간다.

죽영소계진부동(竹影掃階塵不動)
월륜천소수무흔(月輪穿沼水無痕)

대나무 그림자가 섬돌을 쓸어도 티끌은 움직이지 않고
둥근 달빛이 연못물을 뚫어도 물 위에는 흔적이 없다.
−〈금강경오가해〉 야보도천−

약인욕요지(若人欲了知)
삼세일체불(三世一切佛)
응관법계성(應觀法界性)
일체유심조(一切唯心造)


만약 사람들이 삼세 부처님을 알고자 한다면
이 모든 법계의 성품을 보라.
모든 것은 오직 마음이 만드는 것이다.
-화엄경-

# 생활수행 2

행복한 수행자는 생활 속에서 행주좌와 어묵동정에 늘 수행한다.

1. 번뇌가 없도록 한다. 단지 탐진치인 번뇌를 사띠한다.
2. 한 생각 올라오면 "STOP 몰라" 무조건 불을 끈다.
3. 감정은 흐르는 강물처럼 흘려보낸다.
4. 현재 "NOW HERE " 단지 호흡에 집중한다.
5. 참회한다. 참회하며 108배 절을 한다.


'지난 세월 탐욕으로 부귀영화 영달(榮達)을 꿈꾸며 살아온 세월을 진심으로 참회합니다.

지난 세월 탐욕으로 인해 화내고 짜증낸 것을 진심으로 참회합니다.

이 모든 것이 어리석음 무지 무명으로 인한 것임을 알고 진심으로 참회합니다.

이번 생에 부처님 법 만났으니 탐진치에서 벗어나 에고놀음에서 벗어나 주인공으로 살겠습니다.'

# 마음 불편한 사람에게

자비관을 한다.

마음 쓰는 대로 된다.

이제는 모든 고통에서 벗어나 행복하기를

모든 존재하는 이들이 고통에서 벗어나 행복하기를

하루빨리 도과(道果)에 들어가 무상, 고, 무아를 보고 깨달음을 얻기를

완전한 깨달음을 얻을 수 있는 눈 밝은 선지식 스승님을 만나기를

달숙이 가는 곳마다 불국토(佛國土)가 되고 만나는 사람마다 편안하고 행복하기를

수신제가치국평천하(修身齊家治國平天下)로 온 우주가 행복이 가득하기를

명상을 하면 그냥 삶이 한바탕 꿈이요, 일장춘몽(一場春夢)임을 느낀다.

달숙이 이번 생에 이 몸을 받아서 지금까지 에고놀음 하고 있구나.

육도윤회(六道輪廻)하면서 중생놀이 하고 있구나.

이 사바세계에서 인간 사이버세계에서 접속을 끊고 싶다면 만렙해야 한다.

이번 생에 만렙은

10족쇄를 풀고 완전한 대자유를 얻어

영원한 행복의 세계인 극락세계로 업그레이드한다.


기는 놈 위에 걷는 놈,

걷는 놈 위에 뛰는 놈,

뛰는 놈 위에 나는 놈

나는 놈보다 아예 움직이지 않는 그대로 있는 놈이 백배 수승하다.


자신의 편관살(호랑이의 거친 환경)의 기운을 관(觀)하고

아바타의 주인공이 시조새를 자유자재롭게 다루듯이

자신의 거친 파도를 잘 다루는 자는

관자재보살로 해탈 열반에 이른다.

# 생전예수재

생전예수재는 4년에 한 번씩 윤달을 통해서 49일 동안 자신의 업장을 청정하게 수행한다. 근거는 [지장본원경] 제7품 이익존망품에 자세히 나와 있다.

자신과 가족을 포함한 모든 생명들을 위해서 생전에 미리 49재를 올린다. 이는 태어난 존재의 필연적 고통인 죽음을 수행 방편으로 돌리고 살아있음의 의미를 재확인하여 더욱 행복한 삶을 만드는 것이다. 특히 [불설가사공덕경]에는 가사불사의 공덕에 대해서 설하고 있어, 많은 불자들이 이 시기에 가사불사의 공덕을 실천하고 있다.

이번 윤달에 기도한다.
살아생전 부처님께 올린 공덕으로
살아가면서 만난 모든 인연의 일들을
지혜와 자비로 해결하고
선연 법연 불연으로 이끌어주소서.
그리고 다시 발원한다.

1. 모든 인연의 업장소멸(業障消滅)하고,

2. 특히 자식들이 선연, 법연 그리고 불연으로 지혜와 자비의 삶으로 가피하소서.

3. 수행의 길에 눈 밝은 스승님인 선지식을 만나 하루속히 혜안의 눈, 혜안(慧眼) 반야바라밀을 이루소서.

또한 생전예수재 기간인 49일 동안에 행복하게 수행한다.

1. 묘법연화경 사경하고

2. 108배 참회하는 절을 하며

3. 관세음보살보문품과 대불정능엄신주경 독송하고(아침)

4. 명상하고(저녁)

5. 니까야 공부하고

6. 자비도량참법을 독송한다.

어떠한 일이 생겨도 웃으며 상락아정(常樂我淨)으로 받아들이겠습니다.

제
3
장

# 가을 – 지혜로운 삶

# 사띠 관(觀)

　나는 아(我)라고 하는 에고의 오온덩어리이다.

　탐진치만의 덩어리로 모여 있는 에고는 색수상행식의 오온의 연기과정에서 형성된 업식이다. 이놈은 망아지(어린 소로 어리석은 업식에 비유됨)처럼 천방지축으로 여기저기 날뛰면서 감각적 쾌락으로 탐하고 성내고 행하며 윤회를 되풀이한다. 그래서 이놈의 망아지 목에 밧줄(사띠)을 묶어 두면 망아지는 날뛰다가 힘을 잃고 지쳐서 마음자리에서 휴식하게 된다.

　망아지가 휴식하면 그 속에 진짜 내가 보인다.

　망아지가 고요해지면 마음의 깊은 곳까지 보이게 된다.

　청정한 그곳에 주인공인 대방광불이 계신다.

　누구든지 마음 저변에 부처가 있다.

　인과에 따라 오염되어서 제9식인 부처가 보이지 않는다.

　제8식도 못 쓰고 제7식도 못 쓰고 제6식만 쓰는 존재가 사람이다.

천상 지옥 아귀 모든 것이 다 의식인 6식의 수준이다.

제5식을 못 쓰면 식물이고,

6식만 쓰면 동물이다.

사람은 진화해서 6식까지 사용한다.

부처는 모든 식을 사용한다.

어쨌든 일체 존재가 모두 '의식의 차원'이며 의식을 잘 쓰면 부처, 보살, 연각이 된다. 여기서 좌선(坐禪)은 심전(心田)의 개발이며 의식의 승화이다.

마음 밭을 개발해서 저 밑창을 캐내는 작업이다.

참선명상 수행자의 오계

1. 지계청정(持戒淸淨)하라.

2. 한거정처(閑居定處)하라.

3. 의식구족(衣食具足)하라.(최소한도)

4. 외식제연(外息除緣)하라.

5. 근선지식(近善知識)하라.

－성철스님－

# 세계일화(世界一花) 여시상

　나와 남은 차이가 있어 보이지만, 우리 중생이 잘못 봐서 달리 보이는 것이지 우주에서 원자의 차원이나 에너지 차원에서 본다면 하나의 덩어리이다.

　내 몸은 산소, 수소, 질소로 구성되어 있다. 내 몸과 네 몸 사이 공간은 역시 산소, 수소, 질소의 결합 정도에 있어서 차이가 있는 것이다. 결국은 다 정기로 충만해 있다. 그래서 어떤 사람도 나와는 결국 다 붙어 있다. 우주가 다 남남이 아니다. 다만, 중생은 다 에너지 정기로 가득찬 공간적인 이치를 모르니까 나와 남이 따로 있다고 알고 있다. 공간적인 이치를 안다면 결국 나와 남을 구분할 수 없다.

　우주 안에는 결국 에너지뿐이고 에너지 활동에 불과한 것이다. 중생들은 상을 보고 에너지 자체를 모른다. 마음 에너지가 그때 그때마다 달라서 인연에 따라서 인과법칙에 따라 운동한다. 에너지가 무엇이 되든지 간에 산소가 되든지 에너지가 되든지 간에 에너지란 차원에서는 조금도 변동이 없다. 제로를 천만 번 곱한다 하더라도 제로는 제로이고, 에너지가 뭣이 되나, 에너지가 어떻게 되나, 어떻게 진동하나, 빨리 진동하나 느리게 진동하나 에너지는 조금도 변함이 없다.

이번 생에 개가 되나 소가 되나 독사가 되나 사람이 되나 본성의 차원에서는 차이가 없다. 청정(淸淨)한 불안(佛眼)의 차원에서는 모두가 부처님이다.

우리의 주관은 허망하지만 객관은 존재한다. 객관인 몸은 지수화풍(地水火風)의 사대(四大)가 인연으로 몸을 이루고 있지만, 마음은 인연에 의해서 생멸멸이(生滅滅已) 한다.

모든 것이 무상하지만 하나의 과정에 불과하다. 전자도 과정이며 중성자도 과정이며 어떤 것이나 모두 과정이며 지금 지나가는 과정이고 변해가는 과정이다. 부처님은 일체가 생멸멸이로 말씀하셨다.

모든 것은 다 비어있다. 인연 따라서 잠시 합해있다. 하나의 산소도 역시 중성자와 양성자가 적당히 함께 붙어 있는 것이고 양성자 역시 에너지 진동에 불과한 것이다. 이것은 고유한 것이 아니다.

나도 비어있고 너도 비어있고 일체 만유는 다 에너지이고 에너지 활동을 할 뿐이다. 부처님은 제법무아(諸法無我)로 말씀하셨다.

# 바람이 불면 겨울나무가 되어라

흔들리는 나무를 보았다.
나무가 왜 흔들리는가?
바람이 불어서 나무를 흔든다.
아니면 나무가 흔들려서 흔들리는 나무를 본다.
아니면 내 마음이 흔들려서 나무가 흔들린다.

단지 나는 바람이 불면 바람을 보고
단지 나는 바람이 불면 겨울나무가 된다.

〈펄럭이는 깃발〉

어느 날 인종스님이 "열반경"을 강의하고 있었다.

거센 바람에 깃발이 펄럭이는 것을 본 두 스님이 서로 다투기 시작한다.

한 스님이 말하기를 "바람이 움직이는 것이다."

그러자 다른 스님이 "아니다, 깃발이 움직이는 것이다."

하면서 입씨름이 계속되자, 이에 혜능이 이를 듣고 말했다.

"바람이 움직이는 것도 아니요. 깃발이 움직이는 것도 아닙니다."

하자, 두 스님이 물었다.

"그럼 무엇이 움직인단 말인가?"

이에 혜능이 답했다.

"두 사람의 마음이 움직이는 것입니다."

중생은 늘 펄럭이는 바람과 깃발만을 보고 산다.

깃발을 움직이는 것은 마음이다.

# 세계일화(世界一花)

자즉타(自則他) 타즉자(他則自), 세계는 하나의 꽃이다.

남편에게 한 말을 참회한다.
남편이 내게 한 행동을 참회한다.
아버지를 대신해서 어머니에게 참회하고
어머니를 대신해서 아버지에게 참회한다.
주변의 모든 사람들에게 참회의 절을 한다.

갑자기 남편, 아버지, 어머니 그리고 아들이...
내 주변의 모든 인연들이 부처님 법 만나기 전의 과거의
나였다.
부처님 법 만나기 전인 전생의 내 모습이었다.
바로 나의 과거이자 나의 미래였다.
남편이 했던 말과 행동은 전생의 말과 행동이요
자식의 말과 행동 역시 전생의 내 모습이었다.
이번 생에 부처님법 만나 인연법의 이치를 알게 되고

탐진치(貪瞋癡)와 무지(無知) 무명(無明) 속에 살아온 윤회
의 삶을 참회하고 참회한다.

모든 인연들이 과거의 내 모습이며 내가 자비로서 사랑해
야 할 인연들이다.
과거의 나를 어떻게 미워하고 원망할 수 있겠는가?
그저 자비로써 사랑할 뿐이다.

"아아, 부처님, 남해 보리암의 관세음보살님,
제게 이런 큰 깨달음을 주시는군요.
이렇게 큰 깨달음을 주셔서 감사합니다.
세상의 모든 인연들을 받아들이고 참회하고 감사하며
지혜와 자비로 살겠습니다."

# 공명조(共命鳥)

설산에 새가 살고 있는데 이름을 공명이라 하였으며 한 몸에 두 개의 머리를 갖고 있어 의식과 정신은 다르지만 과보(果報)와 목숨을 함께하기 때문에 명명(命名)이라 한다.

공명조라는 새는 히말라야 기슭에 사는 새로, 몸통은 하나인데 머리는 둘 달린 새(鳥) 가루라와 우파가루라가 살고 있었다. 어느 날 우파가루라가 잠들었을 때 가루라가 달고 맛있는 열매를 발견하고 이것을 몽땅 혼자 먹어버렸다. 우파가루라가 이 일을 알게 되고 무척 서운했다.

그 서운함이 마음속에 크게 자리 잡아 마침내 앙갚음하기로 했는데, 때마침 가루라가 낮잠을 자고 있는 사이에 먹음직스럽게 보이는 열매를 발견하고 따서 맛을 보니 매우 독성이 강해서 먹어서는 안 될 열매였습니다. 우파가루라는 얼른 그 열매 하나를 따서 몸속에 숨겨두고 가루라가 깨어나기만을 기다렸다.

마침내 잠에서 깨어난 가루라에게 "네가 잠든 사이에 내가 이 열매를 따 먹어 보니 정신이 맑아지고 힘이 솟아나며 기분이 너무 좋아서 하나를 더 따서 이렇게 너에게 선물하려고 간직하고 있단다. 먹어 보렴."

이 말을 전혀 의심 없이 믿은 가루라는 얼른 씹어 삼키고 가루라는 독이 전신에 퍼져 죽어 갔다. 두 새는 한 몸통 한 뿌리에서 생겨 머리가 다를 뿐인 같은 생명체이기 때문에 우파가루라도 곧 따라 죽었다.


모두가 한 목숨이다.
부부가 한 목숨이다.
자녀가 한 목숨이다.
온 인류가 한 목숨이다.


〈영적 성숙 6단계〉
1단계 : 선인(善人)
2단계 : 신인(信人)
3단계 : 미인(美人)
4단계 : 대인(大人)
5단계 : 성인(聖人)
6단계 : 신인(神人)
-맹자-

# 방하착(放下著)


　어떤 날은 고요한 호수처럼 마음이 편안하고

　어떤 날은 거센 파도처럼 마음이 불편하고 끊임없이 번뇌
가 일어난다.

　왜 그럴까?

　이유를 곰곰이 생각한다.

　번뇌가 일어난 날은 번뇌를 붙잡고 망상으로 고통을 만들
고 있는 내 자신을 보게 되었다. 번뇌에 달라붙어서 내가 그
것을 붙들고 있는 것이었다.


　그냥 내려놓고 방하착(放下著)하면 될 것을

　내가 자승자박(自繩自縛)하고 있는 것이다.


　바람이 불고 있다.

　바람에 나무는 꽃잎을 흘려보내고

　강물은 물을 흘려보내고

　가는데로 가야한다.

그런데 나는 소리를 붙잡고 육경계의 색을 붙잡아서 온갖
번뇌의 싹을 튀우고 감정의 옷을 입힌다.

모든 것은 흘러가야 한다.
난 단지 바라보기만 한다.
편안하고 행복하다.

10대:충년(沖年)
15세:지학(志學)
20대:약관(弱冠)
30대:이입(而入)
40대: 불혹(不惑)
50대: 지(知)천명(天命)
60대: 이순(耳順)
77세: 종심(從心)
88세: 희수(喜壽)
100세: 백수(白壽)
- 공자 -

# 3대 경전

한국 불교의 3대 경전은 금강경, 법화경 그리고 화엄경이다.

먼저 화엄경은 모든 꽃들이 모여서 고요한 가운데 크나큰 빛을 밝히는 잡화(雜華)들이 통일과 조화를 이루어 은은한 향기를 뿜어내는 곳이 부처님 세계이며 대우주 법계임을 설한 경전이다. [보현보살행원품]이 포함되어 있다.

화엄경은 부처가 되는 단계 32위(位)로 수행하는 보살이 되는 경전이다. 화엄경의 대의는 통만법(通萬法) 명일심(明一心) 즉 일체 만유를 통괄하여 하나의 마음을 밝히는 것이다. 즉 우주법계의 일체현상인 우주 만법의 모든 이치를 꿰뚫어 안으로 나의 본래 마음을 밝히는 경전이다.

한국인이 가장 즐겨 읽는 금강경은 아상의 어리석음을 금강칼로 제거하여 지혜를 밝혀 자유 해탈을 얻는 경전이다. 금강경의 대의는 파이집 현삼공(破二執 現三空)이며, 아집(我執), 법집(法執)이 완전히 사라지면, 아공(我空), 법공(法

空), 구공(俱空)이 드러난다는 깨우침을 주는 경전이다.

이를 '파사현정(破邪顯正)'이라고 표현하며 나 자신에 대한 집착, 다른 사람, 다른 무엇에 대한 집착을 깨뜨리고 나도 비고 다른 사람까지 비우고 모든 것이 텅 비어 아무것도 없음을 깨우치는 경전이다.


그리고 법화경은 사바의 괴로움 속에 빠져있는 중생들에게 진흙덩이에서 피어오른 연꽃과 같은 묘법(妙法)을 베풀어 부처의 자리로 나아가도록 하고자 설한 경전이다.

즉 보살이 부처가 되는 경전으로 [관세음보살보문품]이 포함되어 있다. 관세음보살보문품은 보살이 중생과 함께 노니는 방법을 설한 경전이다.

법화경의 대의는 회삼귀일(會三歸一)이다. 방편품의 불타는 집(火宅)은 바로 상대방의 수준 또는 상황에 맞게 방편의 가르침을 준 뒤, 결국에는 근본 가르침을 알려준다는 말씀으로 이를 '세 가지 가르침을 모아 결국 하나의 가르침으로 돌아간다.'는 내용이다. 회삼귀일(會三歸一)은 온갖 방편(方便), 사승(四乘) 사과(四果), 오십삼위(五十參位), 오직 하나의 진실인 불법승(佛法僧)에 귀착인 오직 일불승(一佛乘), 사람이 부처님임을 설한 경전이다.

# 몽관(夢觀)

원효스님께서 말씀하시길 [대승육정참회문]에서
"긴 꿈도 또한 그러합니다.

무명에 덮인 마음이 망녕되이 육도를 만들고 팔고(八苦)에
흘러다닙니다.

안으로 모든 부처님의 불가사의한 훈습을 원인으로 하고,
밖으로 모든 부처님의 대비원력에 의지하여야 비슷하게나
마 믿고 이해하게 될 것입니다. 저와 중생은 오직 잠자리
의 긴 꿈을 실재라고 잘못 헤아립니다.

육진에 이기고 따르는 것과 남녀의 두 모습이 모두 저의
꿈이고 길이 실재 일이 없으니 무엇을 걱정하고 기뻐하며
무엇을 탐내며 성내겠습니까.

이와 같은 몽관을 자주자주 사유하여 점점 닦아서 꿈과 같
은 삼매를 얻으며,

이 삼매를 의지하여 무생인(無生忍)을 얻어 긴 꿈에서 활연
히 깨어나면 곧 본래 길이 유전함이 없으며 다만 일심(一心)
이 일여(一如)의 침상에 누워 있음을 알게 될 것입니다.

長夢亦爾.

無明覆心, 妄作六道, 流轉八苦.

內因諸佛不思議熏,

外依諸佛大悲願力,

髣髴信解.

我及衆生, 唯寢長夢, 妄計爲實.

違順六塵, 男女二相, 並是我夢, 永無實事,

何所憂喜, 何所貪瞋.

數數思惟, 如是夢觀, 漸漸修得如夢三昧,

由此三昧, 得無生忍, 從於長夢, 豁然而覺,

卽知本來永無流轉, 但是一心, 臥一如床."


깨달아서 보면 마음이 하나의 상(相) 위에 누워있음을 알게
된다. 모든 중생들이 긴 꿈에 잠겨 헛된 상을 진실로 삼고,
육진 경계와 남녀 등 서로 상대적인 것에 시시비비(是是非
非)한다. 이 모두가 한낱 나의 꿈일 뿐 실다운 것이란 없다.

무엇을 기뻐하고 무엇을 슬퍼하며 무엇을 탐하고 무엇을
분노할 것인가? 무지와 무명으로 뒤덮여 육도를 떠돌고 팔
고를 받으며 윤회하는 삶을...

# 에고 죽이기

탐진치를 제거하는 가장 좋은 방법이 '보시'이다.

하루에 한 번 이상 보시한다. 습관이 될 때까지 1일 1선(1日1善) 한다. 만나는 사람에게 보시한다. 습관이 될 때까지 보시하며 비우고 버린다.

피로회복을 위한 비타민C를 선물한다. 상대방이 부담스럽지 않도록 가볍게 한다. 겨울에는 생강사탕, 목캔디사탕을 주고, 때로는 귤을 선물하기도 한다. 그리고 정성스럽게 만든 강정을 1회용으로 포장해서 선물한다. 혼자 사시는 독거노인들에게 반찬을 맛있게 해서 보시한다. 무엇보다 음식을 만들 때에는 온 정성을 다해서 상대방의 건강과 편안함과 행복을 발원한다.

선물을 상대에게 줄 때는 따뜻한 미소와 눈으로 바라본다. 그리고 상대방의 말을 경청하면서 대응하고, 입으로는 칭찬과 격려를 같이 곁들여서 보시한다.

아상과 아만을 꺾기 위한 가장 좋은 방법은 '숙이는' 것이다. 매일매일 나의 에고를 죽이고 나(我)라는 상(相)을 죽이는 것이다. 그래서 내 업식(業識)이 하기 싫어하는 것을 기꺼이 하는 것이다.

특히 하기 싫어하는 것을 더 친절하게 하는 것이다. 그리고 보기 싫은 사람에게는 선물하는 것이다. 불편한 사람에게도 더 친절하게 선물하는 것이다. 특히 남편에게 무조건 숙이기를 끊임없이 연습한다.

무아가 될 때까지 연습한다.

심장의 흔들림이 사라질 때까지 연습한다.

내 마음속에 한 티끌의 거부감과 한 티끌의 아상이 사라질 때까지 행주좌와 어묵동정에 사띠하고 방하착(放下著)한다.

마침내 내 마음의 에고를 정복하고 내 마음의 주인이 된다.

나는 관자재보살(觀自在菩薩)이다.

세세생생 동안 무수한 억겁의 윤회 속에서

탐진치로 어리석음으로 무지무명으로

탐욕과 분노와 원망의 마음으로 살아왔다네.

부처님 법 알고 무상(無常) 고(苦) 무아(無我)를 알고 나서

탐진치는 자비희사(自悲喜捨)로

생로병사 우비고뇌는 상락아정(常樂我淨)으로

불지혜와 자비로 보리를 이루겠습니다.

마침내 무량한 세월 일념(一念)에 사라졌다네.

# 생사(生死) 여여(如如)


사람은 자신이 보이는 것만 보고 산다. 특히 어린아이일 때는 더 그렇다. 예를 들면 공을 가지고 놀다가 공이 안 보이면 울기 시작한다. 자신이 갖고 놀던 공이 사라졌기 때문이다.

사람이 태어난다. 태어난 것은 반드시 죽는다. 이번 생에서 보면 죽는 것이지만 다른 생에서 보면 다시 태어나는 것이다. 예를 들면 사바세계에서의 죽음이 극락세계에서 보면 새 삶의 시작인 것이다.

일어난 것은 사라진다.
봄이 오면 겨울이 사라지고
여름이 오면 봄이 사라지고
가을이 오면 여름이 사라지고
겨울이 오면 가을이 사라진다.

매일 가고 온다. 집을 나가서 학교에 간다. 학교에서 다시
집으로 간다.

사바세계 속에서 살고 있는 입장에서 보면 이곳에서 사라
지지만 전체 차원에서 보면 여여(如如)할 뿐이다.

가고 옴이 없다. 마치 파도가 일어났다 사라지는 것처럼
생멸의 과정이 여여(如如)하게 일어나는 것이다.
내 입장에서 이익이 멸하면 감정적으로 슬픔이 오고
내 입장에서 이익이 생기면 감정적으로 기쁨이 오고
사람과 사람 사이에 탐진치(원인물질)가 있기에 끊임없이
경쟁하고 시비한다.

이런 방식으로 계속 연기한다. 윤회한다.
이 업식덩어리가 계속 사바세계에서 돌고 돌면서
희노애락 애오욕을 되풀이한다.

이번 생에는 최상의 삶을 누리고 있지만
다음 생에는 어떻게 될지 모를 일이다.
이번 생에 기필코 깨달음을 이루리다.

# 인연(因緣) 4

내가 말하는 모든 소리는 음성파일에 녹음된다.

내가 드러낸 모든 모습은 사진파일에 저장된다.

내가 살아온 생각, 감정 파일은 업덩어리가 되어 업식파일에 저장된다.

이 업식의 덩어리가 윤회한다.

이번 생에 수행은 이 업식파일을 풀고 해탈을 이루는 것이 목적이다.

실로 내가 사는 시공간에서 생각과 감정의 업식이 색수상행식인 오온으로 작동한다. 업식이 육경계(六境界)를 만나게 되면 오온의 작동이 이루어진다.

옷깃을 한번 스치면 인연이 시작된다.

하룻밤을 같이 지낸 사람은 전생의 1,000년의 만남의 인연이 있었다고 한다.

남편과의 인연은 5천 년의 인연으로
자식과의 인연은 6천 년의 인연으로
형제자매는 7천 년의 인연으로
불법을 만난 것은 10,000년의 인연이라고 한다.

지금 만나고 헤어지는 자는 전생에 수없이 만난 인연이다.
지금 만나고 헤어지는 자는 미래에 수없이 만날 인연이다.
사실은 만나고 헤어짐도 없는 것이다.

죽음도 마찬가지이다.
태어남은 여기 사바세계에서 태어남이요,
다른 세계에서 보면 죽는다는 것이다.
사바세계에서의 죽음은 극락세계의 태어남을 의미한다.
어떤 이는 도리천, 도솔천, 지옥, 무간지옥, 축생 등등에서
태어남을 의미한다.

〈무유정법〉
정해진 법이 없다.
인연에 의해 드러날 뿐이다.
인연에 따라 옳다 그르다 할 뿐이다.

우리 삶의 인연은 흐르는 강이다.
잠시 일어났다 사라지는 꿈의 강이다.
인연을 바르게 이해하고
인연을 바르게 보고
인연을 바르게 지어야 한다.
인연에 속지 말아야 한다.
인연은 무상이기 때문이다.

# 불성(佛性)

우리 모두에게는 성불(成佛)할 수 있는 에너지가 있다. 그것을 어떻게 숙성시키느냐에 따라 행, 불행이 판가름이 난다.

물에 커피를 태우면 커피가 되고

물에 분유를 태우면 우유가 되고

물에 홍차를 태우면 홍차가 되고

물에 코코넛을 넣으면 코코넛이 된다.

그러나 분해를 거치고 정수 과정을 거쳐 섞어진 것을 걷어내면 본래의 물로 돌아간다.

중생에게는 이런 여러 가지 형태의 망상(업)이 물들어 있다.

끊임없이 마음 그릇을 넓히고 에고의 이기심을 극복하며 일체의 존재들이 고통과 고통의 원인에서 벗어나 편안하고 행복하기를 바라는 불교수행법이다. 이제 무명의 구름이 흩어지고 한 물건을 보게 되었으니 반야의 원력으로 수행해야 한다.

일체의 인연은 반야의 원력을 세우고 실천하는 수행자로 가야 한다. 그리고 머무는 곳마다 청정(淸淨) 도량이 되게 한다.

# 일념(一念)과 무념(無念)

세상은 생각의 투영이다.

세상은 생각놀음, 중생놀음, 에고놀음이다.

생각이 일어나 갈등하고 울고 웃는다.

생각은 꿈같은 것이다.

생각은 인연연기로 생겨나고 사라진다. 연생연멸이다.

수행자는 이런 생각을 관하고 한생각을 내려놓는다.

생각은 생각을 먹고 생각은 생각에서 온다.

이런 생각들을 텅 빈 마음으로 비워야 한다.

습관적으로 일어나는 생각을 관세음보살의 힘으로 일심으로 이겨내야 한다.

생각은 인연연기이지만

수행자는 본바탕인 마음자리에서 지혜와 자비로 단지 있는 그대로 바라볼 뿐이다.

수행자는 생각에 걸리지 않으며

수행자는 생각으로부터 자유로와야 한다.

생각이 오면 오고 가면 갈 뿐 단지 그대로 바라볼 뿐이다.

출가하여 스님이 되는 것이 어찌 작은 일이랴.
몸의 편안함을 구하려는 것도 아니고
따뜻이 배불리 먹으려는 것도 아니다.
이익과 명예를 얻으려는 것도 아니다.
생사에서 벗어나려는 것이며
번뇌를 끊으려는 것이며
삼계에서 벗어나 중생을 건지려는 것이다.
ㅡ서산대사ㅡ

# 그림자

모든 물체에는 그림자가 따른다. 그러나 나무 그늘 밑에 들어가면 그림자가 생기지 않는다.

모든 물질인 명색에는 고통과 번뇌가 생긴다. 그러나 진리 세계인 불법에 들어가면 번뇌가 일어나지 않는다. 즉 해탈 열반의 세계이다.

모든 인연은 그림자와 같다.

그것을 단지 바라보기만 하라.


나보다 못한 사람을 만나면 '내 과거의 모습이구나'라고 생각하고

나보다 잘난 사람을 만나면 '내 미래의 모습이구나'라고 생각한다.

내가 도와줘야 하는 사람과 인연이 되면 '내 과거 전생의 빚진 인연'임을 알고

내가 도와줘야 하는 사람과 인연되면 '내 미래의 공덕이구나'라고 생각한다.

내 아들 또래의 학생들을 만나면 내 아들처럼 존귀하게 대하고

나보다 조금 나이 많은 사람을 만나면 내 언니 오빠처럼 존귀하게 대한다.

이 지구 어느 곳 어디에서나 모든 사람을 존귀하게 대하고 존중하면

모든 인연들의 업이 풀어지고 진리불법의 세계에서 해탈하리다.

〈웃자〉

월요일은 월래 웃는 날

화요일은 화가 나도 웃는 날

수요일은 수도 없이 웃는 날

목요일은 목이 터지도록 웃는 날

금요일은 금방 웃고 금방 웃는 날

토요일은 토라져도 웃는 날

일요일은 일이 없어도 웃는 날입니다.

웃음은 우주에 타인에게 짓는 최고의 공덕이다.

웃음은 상대에 대한 적의, 분리, 경계, 욕심을 무너뜨리는 무기이다.

웃음은 최고의 깨달음이다.

# 일체유심조(一切唯心造)

양자물리학에서는

물질은 파동(미시세계 존재형태)이면서 동시에 입자(거시세계 존재형태)로 존재한다. 파동이나 입자로 존재하며 해당 위치에 있을 확률일 뿐 그 자리에 고정된 것이 아니다. 그것이 어디에 어떤 모습으로 존재할지 결정하는 것은 관찰자인 우리 자신이다. 이것이 양자물리학의 '슈렝딩거의 고양이'라는 실험이다. 슈레딩거는 '우주는 그 자신의 존재를 위해 의식을 가진 생명체(입자)를 필요로 한다'고 한다.

우주는 입자와 파동이다. 다시 말하면 입자로서 삶을 살 것인가, 파동으로서의 삶을 살 것인가는 자신이 마음먹기에 달려있다. 입자로서의 삶은 나와 내 가족에 국한된 삶이다. 한편 파동으로서의 삶은 너와 내가 파동으로 공생(共生)하는 것이다.

입자의 삶에서 파동의 삶으로 마음가짐을 바꾸는 것은 내 공을 넓히는 것이다.

파동으로 살면 자신이 인식하는 대로 물질이 빚어지고 마음 먹은 대로 세상이 바뀌게 된다. 바로 일체유심조(一切唯心造)이다.

더 나아가 감사하는 마음의 파동이 우주의 복덕을 불러오는 시그날임을 알게 된다.

살다 보면 도(道)가 업(業)을 이기기 어려울 때가 있다. 이때는 참회하고 감사하는 우주의 파장이 필요하다. 그래서 어떤 날은 산신기도를 한다.
산신은 산과 숲에 깃들어 사는 생명체들의 합일체(合一體)이다. 그 합일체를 공경하지 않을 수 없다. 그 공경하는 마음을 감사하는 마음이라고 여긴다.

# 우파니사타분의 일

화엄경 〈보현행원품〉은 수승한 공덕에 대해서 설하신다.

若有善男子善女人이 以滿十方無量無邊不可說不可說佛刹
極微塵數一切世界上妙七寶와 及諸人天의 最勝安樂으로
布施爾所一切世界所有衆生하며 供養爾所一切世界諸佛菩
薩호대 經爾所佛刹極微塵數劫토록 相續不斷하야 所得功
德을 若復有人이 聞此願王하고 一經於耳한 所有功德으로
比前功德하면 百分에 不及一이며 千分에 不及一이며 乃至
優波尼沙陀分에도 亦不及一이니라.

만일 선남자나 선여인이 시방에 가득한 한량없고 끝이 없
어서 이루 다 말할 수 없이 말할 수 없는 세계의 아주 작은
먼지수와 같이 많고 많은 모든 세계의 가장 좋은 칠보로
보시하고, 또 천상과 인간의 가장 훌륭한 안락으로써 그
러한 모든 세계의 중생들에게 보시하고, 또한 그러한 모든
세계의 부처님과 보살들께 공양하기를 그러한 세계의 아
주 작은 먼지수의 겁을 지나도록 계속하여 보시하는 그 공
덕과 또 어떤 사람이 이 열 가지 원(願)을 한 번 들은 공덕

을 서로 비교하면 앞의 공덕은 뒤의 것의 백분의 일도 미치지 못하고 천분의 일도 미치지 못하고 내지 우파니사타분(分)의 일에도 미치지 못하느니라.

우파니사타분의 일 0.000000000000..............00000 0000000000000000000000.1은 아주 극소수를 뜻하는 숫자로 사실은 0에 가깝다. 평상시 아주 사소한 일에 예민한 나는 통도사 화엄산림법회 지안스님 법문에서 '우파니사타분의 일'이라는 말이 가슴에 와 닿았다.

사실은 아무런 문제가 없는 사소한 일에 목숨을 걸고 번뇌를 일으킨다. 내 삶에서 일어나는 모든 8만4천 번뇌들, 사실은 아무런 문제가 없다.

화엄경의 '우파니사타분의 일'이란 화두가 아주 오랫동안 소인(小人)인 나를 성찰하게 한 계기가 되었다. 그리고 화엄경 독송 10회독으로 심출가(心出家)하여 세상의 아름다운 꽃으로 수행하고 있다. 화엄경은 이런 번뇌를 끊는 진리의 법이며, 화엄(華嚴)의 경지로 나아가게 한다. 이것이 바로 일심법이다. 일심은 부처님 대방광불화엄경(大方廣佛華嚴經)이다. 오직 이 생각으로 매일매일을 만들고 지켜간다.

불교는 일심법(一心法) 인과법(因果法) 인연법(因緣法)이다.

# 인과법(因果法)

모든 현상에는 원인이 있다.

모피를 사는 사람은 살생의 문제를 전혀 고려하지 않을 것이다. 그러나 근원을 거슬러 올라가 봐야 한다. 동물을 무분별하게 포획하고 살상하는 것은 심각한 문제이고 비난을 받아 마땅하다. 모피를 입는 사람이 없으면 모피를 사는 사람도 없다.

매사 모든 일은 앞뒤 원인과 결과가 있으니, 반드시 원인적 측면을 따져봐야 한다.

일체의 유정한 생명을 존중하고 동물을 보호하기 위해 불살생의 계(戒)로써 채식하는 것은 적극적인 자비사상이 담겨있다.

사람과 자연 만물은 동체(同體) 공생(共生)의 관계이기에 서로 존중해야만 함께 존재하고 번영해 나갈 수 있다. 더 나아가 유정뿐만 아니라 무정까지도 편안하기를 두 손 모은다.

"우주의 모든 존재인 유정과 무정의 존재가 고통에서 벗어나 평화롭고 행복하기를"

# 인연법(因緣法)

우리의 몸은 인과 연에 따라 잠시간 모여있다.
인생은 연생연멸로 이어진다.


통신호흡(通身呼吸)을 한다.
내 몸은 텅 비어 있다.
털구멍마다 바람이 들어오고 바람이 나간다.
내 몸은 이렇게 공무더기이다.
내 몸은 하나의 거품 같은 세포에 불과하다.
호흡이 끊어져야 번뇌도 끊어진다.
호흡은 심장세균(深長細均)으로 통신(通身)호흡 하니 번뇌
가 사라진다.


나는 아무것도 원하지 않는다.
나는 아무것도 두렵지 않다.
나는 자유다.
−그리스인 조르바−

# 명상수행

명상수행이란
자신의 내면을 들여다보는 것
자기가 자신을 알아가는 것
자기가 자신을 사랑하는 것
자기의 고통을 자기가 없애는 것
자기의 잘못을 자신이 용서하는 것
내가 나를 깨우는 것
내가 나를 구원하는 것

이것은 안에서 일어나는 혁명

바깥 경계에 전혀 동요되지 않으니

세간의 고통을 구제하는 지혜와 내적 평화의 길이다.

아상 인상의 거대한 산이라는 상(相)에

번뇌의 광석들이 곳곳에 박혀서 고통스러워 한다.

이러한 광석들이 자성(自性)의 보배이며

이 광석을 갈고 닦아서 지혜로 제련하련다.

찬란한 비로자나불의 대광명(大光明)으로 이 세상은 대방
광불화엄의 세상이 된다.

# 묵언(默言)

묵언하라, 아무리 진심을 담아서 좋은 말을 할지라도
자기가 담을 수 있는 그릇밖에 못 받아들인다.
사람사람마다 불성을 가지도 태어나 살고 있다.
다만 내 업식과 부딪혀서 온갖 소리를 내게 된다.
손바닥과 손바닥이 만나서 소리를 내게 된다.
상대방이 내는 화와 분노는 삶에서 울리는 나의 메아리이다.

화를 내면 업이 되고
화를 참으면 병이 되고
화를 관하면 화가 사라진다.

강 건너 불구경하듯 관(觀)하라.
병들어 아프면 달숙이가 아프구나.
늙으면 달숙이가 늙는구나.
죽으면 달숙이가 죽는구나.

죽음이 내 앞에 닥쳐오더라도
질병이 내 몸에 음습하더라도
내 마음이 고요하고 편안하네.

팔풍(八風)이 나를 갖고 놀더라도
감정이란 것이 좋고 싫더라도
생각이 좋고 싫더라도
오감이 환경에 따라 좋고 싫더라도
달숙이를 다른 사람이 보듯이
단지 지켜보기만 하라.

# 자등명 - 사념처

명상 수행자는 업식(에고)이 싫어하는 것을 기꺼이 한다.
업식이 싫어하는 것을 사띠하면서 한다.
익숙하지 않은 것, 하기 싫은 것, 새로운 낯선 것들......
지금 일어나는 생각과 감정을 사띠하면서
업식이 바라는 대로 시키는 대로 하는 것이 아니라.
업식과 반대로 업식이 싫어하는 것을 한다.
업식의 에고들이 놀라서 항복하게 된다.
그리고 명상 수행자는 어떠한 마음이 일어나더라도 따라
가거나 일어나지 못하게 없애는 것이 아니라, 일어나면 일
어나는 대로 알아차리는 것이다. 파도가 아무리 높게 파도
치든 결국은 사라진다. 조금 높게 파도치면 조금 더 기다리
면 된다. 그냥 숨을 쉬면서 기다리면 된다.

부처님이 떠날 때 아난존자가 "부처님 가신 뒤에는 어디
에 의지해야 합니까?"라고 묻자 부처님은 사념처(四念處)라
고 대답한다. 사념처는 신수심법, 자신의 몸과 느낌과 마음

과 법, 이 네 가지에 의지하라는 것이다. 이것이 자등명(自燈明)이다.

네 가지 가운데 몸을 잘 관찰한다. 고통이 오면 제일 먼저 몸으로 온다. 내 몸으로 와서 지금 불편하거나 불안하면 '불안하고 불편하구나'하고 관(觀)하면 금방 편안해진다. 이것이 명상이다.

그 다음에는 내 몸 어딘가 심하게 반응하는지 살핀다. 심장이 쿵쿵거리는지 배가 아픈지, 어깨가 긴장하는지, 뒷목이 땡기는지를 살핀다. 내 몸에서 반응하는 그곳을 사띠한다.

다음에는 내 마음속에서 탐진치를 살피고 방하착하여 내려놓고, 아집과 아만의 덩어리인 아상을 하심하며 내려놓는다. 그리고 법안으로 고통의 원인과 결과를 관하고, 연기법을 관한다.

그리고 다음에는 자비의 명상을 한다. "이것은 '시생멸법생멸멸이'이니 잠깐이고 지나가는 거야"하고 자신에게 친절하게 말해준다. 이것이 명상이다.

# 가시와 지느러미

바닷속 생선은 가시와 지느러미와 침이 있다.

우리는 생선을 다듬어서 살을 먹는다.

그러나 그 고기는 물속에서 가시와 뼈 지느러미로 인해서 편하게 살아가는 데 요긴하다.

사람들에게 위험하고 파괴적인 것일지라도 그 물고기는 자기의 생존방식인 것이다.

**좋게 볼 때만 좋게 보인다.**

〈기도〉
부모님 세대, 언니와 오빠들 세대....
무거운 짐을 지고 뒤에서 채찍질하고
옆에서 고함소리 들리는 환경에서
자신을 뒤돌아볼 겨를도 없이
마음의 상처를 안고 살아야 했던 사람들
이제는 그들이 소리 지르고 힘들어서 울고 싶어 합니다.

그들을 위해 기도합니다.
덧없는 인생, 바람 부는 세상에서 살아가느라 수고한 부모
님, 언니와 오빠들이다.
자신의 몸무게보다 훨씬 무거운 가족의 근심과 걱정을 짊
어지고 살아오신 분들.
이번 생에 반드시 부처님 법(法) 만나서 편안하고 행복하
시길 두 손 모아 기도합니다.

# 대몽관(大夢觀)

단지 바라보기만 하라.
남편, 자식, 부모, 형제 자매와 친구들……
그 누구도 변하기를 바라지 마라.
그 누구도 바꾸기를 바라지 마라.
단지 자신의 마음, 탐 진 치 만의 심만을 바라보라.
단지 자신의 심장의 흔들림, 여여심, 부동심, 경계에 흔들
림을 보아라.
그 흔들림을 보고 하심하고 일심하고 무심하라.


삶은 꿈속에서 사는 것과 같은 것
고통 속에도 즐거움이 있고
불행 속에도 행복은 존재한다.
삶은 그야말로 순경계와 역경계의 끊임없는 반복이다.
행복도 불행도 한때의 순간들이다.
언제나 어디서나 흔들리지 않고
맡은 바 주인공이 되어서 당당하게 참고 견디면

내 삶의 주인공이 되어 일심으로 무심하게 되리라.


하늘은 이름 없는 꽃을 주지 않는다.

이는 누구나 세상에 꼭 필요한 재주와 역할을 가지고 태어난다는 뜻이다.

그러니 이름 없는 꽃이라 서러워할 것이 아니다.

지금까지 살아온 삶을 통해서 자신의 재주와 역할을 알 수 있다.

부처님과 통할 수 있는 주파수로 기도하자.

번뇌 없이 마음을 잘 모아 기도하는 것이다.

나의 집중력과 부처님의 위신력이 동일한 파장을 이루어 능히 소원성취를 가능하게 한다.


〈인연과보〉

인연과보는 시차는 있어도 오차는 없다.

반드시 선인선과요 악인악과이다.

시련이 닥치면 기뻐하라, 빚 갚은 일이다.

# 하처거(何處去)

내가 죽을 때 가장 안타까운 일이 무엇일까?

본래의 나 자신인 본래면목을 보지 못하고 간다는 것이다. 꿈을 꾸고 있을 때 꿈속에 어떻게 왔는지 모르지만, 생생하게 실재처럼 느껴지지만 꿈을 깨면 '아하 꿈이구나'를 알게 된다.

이번 생에 내가 어디에서 와서 어디로 가는지를 모른다. 다만 내가 죽어 육신을 버릴 때 진정으로 꿈을 깨게 된다. '아하 이번 생이 꿈이구나'를 알게 된다.

그 꿈은 수명만큼 긴 꿈이다. 전부 영화 같은 한 장면 한 장면들이 모여서 상(像)인 이미지를 만들어 낸다. 우리들은 장자가 말하는 것처럼 꿈속에서 나비꿈을 꾸고 있다.

육신 덩어리로 만들어진 에고, 자기중심적인 소아(小我)를 나로 알고, 아(我)라고 여긴 내가 시키는 데로 생각하고 감정 부리고 성질내고 객기 부리고 살았다. 알고 보니 나는 색수상행식으로 만들어진 현재의 에고 덩어리이다.

이 세상 자신의 업식의 눈으로 세상을 바라볼 때는 일체법이 일체개고이지만 부처님의 눈으로 바라보면 이 세상은 순수한 광명인 대방광불의 세상이다.

지난 세월 에고 종놀이 하면서 살다가 가구나.
어디로 가는가?
주인 한번 만나보지 못하고
어디서 왔는지도 모르고
어디로 가는지도 모르고 가는구나.

이번 생에는 주인공을 만나고 간다.

〈장안사 위의 암자 척판암 게송〉

심월고원(心月孤圓)
광향만상(光香萬像)
광경구망(光境俱忘)
부시하물(復是何物)

마음달 외로이 둥그니
빛이 만상을 삼켰구나
빛과 경계를 함께 잊으니
다시 이것이 무엇인가?
ㅡ경허선사ㅡ

# 심우도

인간의 삶은 안이비설신의에 끄달린 의식놀음인 '상(想)놀이'이다.

상(相)은 12연기의

무명->행->식->촉->수->애->취->유->생->노->병->사의 과정에서

색->수->상->행->식의 오온 환류를 통해서

만들어진다.

불가에서 의식(意識)은 야생의 코끼리나 길들여지지 않은 소로 비유된다.

소의 코에 코뚜레를 걸고 말뚝을 박는다.

검은 소는 이리저리로 몸부림치지만 사띠 끈으로 묶어서 천번이고 만 번이고 길들이는 훈련을 한다.

항상 행주좌와 어묵동정에도 하되 놓치면 회광반조(廻光返照)로 훈련한다.

이번 생에 마음이 흔들리지 않는 배짱, 뱃심, 태연함, 부동심, 무심에 도달하여 평정심인 우베카에 이르리라.

이 심우도의 대체적인 내용은 처음 선을 닦게 된 동자가 본성이라는 소를 찾기 위해서 산중을 헤매다가 마침내 도를 깨닫게 되고 최후에는 선종의 최고 이상향에 이르게 됨을 나타내고 있다. 곽암의 심우도를 각 단계별로 보면 다음과 같다.

① 심우(尋牛)는 소를 찾는 동자가 망과 고삐를 들고 산속을 헤맨다. 이것은 처음 발심한 수행자가 아직은 선이 무엇이고 본성이 무엇인가를 알지 못하지만 그것을 찾겠다는 열의로써 공부에 임하는 것을 상징한 것이다. 이것은 불도 수행자의 입문단계에 해당된다.

② 견적(見跡)은 소 발자국을 발견한다. 순수한 열의를 가지고 꾸준히 공부를 하다 보면 본성의 자취를 어렴풋이나마 느끼게 된다는 것을 소의 발자국으로 상징한 것이다.

③ 견우(見牛)는 동자가 멀리서 소를 발견한다. 이는 본성을 보는 것이 눈앞에 다다랐음을 상징하고 있다.

④ 득우(得牛)는 동자가 소를 붙잡아서 막 고삐를 잡는다.
이 경지를 선종에서는 견성(見性)이라고도 하는데, 마치
땅속에서 아직 제련되지 않은 금돌을 막 찾아낸 것과 같은
상태라고 많이 표현된다. 실제로 이때의 소는 검은색을 띤
사나운 모습으로 묘사되는데, 아직 삼독(三毒: 탐내고 성
내고 어리석은 마음)에 물들어 있는 거친 본성이라는 뜻에
서 검은색을 소의 빛깔로 표현한 것이다.

⑤ 목우(牧牛)는 거친 소를 길들이는 모습이다. 삼독의 때를 지우는 보림(保任: 깨달은 것을 더욱 갈고 닦음)의 단계로, 선에서는 이 목우의 과정을 가장 중요시하고 있는데, 그 까닭은 한번 유순하게 길들이기 전에 달아나 버리면 그 소를 다시 찾는다는 것은 더욱 어렵기 때문에 특별히 주의를 준 것이다. 이때의 소는 길들이는 정도에 따라서 차츰 검은색이 흰색으로 바뀌어 가게 묘사된다.

⑥ 기우귀가(騎牛歸家)는 동자가 소를 타고 구멍 없는 피리
를 불면서 본래의 고향으로 돌아오는 모습이다. 이때의 소
는 완전한 흰색으로서 특별히 지시를 하지 않아도 동자와 일
체가 되어 피안의 세계로 나아가게 되며, 그때의 구멍 없는
피리에서 흘러나오는 소리는 가히 육안으로 살필 수 없는 본
성의 자리에서 흘러나오는 소리를 상징하게 된다.

⑦ 망우존인(忘牛存人)은 집에 돌아와 보니 애써 찾은 소
는 온데간데 없고 자기만 남아 있다. 결국 소는 마지막 종
착지인 심원(心源)에 도달하게 하기 위한 방편이었으므로,
이제 고향집으로 돌아오게 되었으니 방편은 잊어야 한다
는 것을 보여주고 있다. 이는 뗏목을 타고 피안에 도달했
으면 뗏목을 버려야 한다는 가르침과 일맥상통하는 것이
다.

⑧ 인우구망(人牛俱忘)은 소 다음에 자기 자신도 잊어버린 상태로 텅 빈 원상만을 그리게 된다. 객관이었던 소를 잊었으면 주관인 동자 또한 성립되지 않는다는 주객 분리 이전의 상태를 상징한 것으로, 이 경지에 이르러야만 비로소 완전한 깨달음이라고 일컫게 된다.

⑨ 반본환원(返本還源)은 이제 주객이 텅 빈 원상 속에 자연의 모습이 있는 그대로 비치는 것으로 묘사된다. 산은 산으로, 물은 물로 조그마한 번뇌도 묻지 않고 있는 그대로의 모습을 볼 수 있는 참된 지혜를 상징한 것이다.

⑩ 입전수수(入廛垂手)는 지팡이에 큰 포대를 메고 사람들이 많은 곳으로 가는 모습으로 묘사된다. 이때의 큰 포대는 중생들에게 베풀어 줄 복과 덕을 담은 포대로, 불교의 궁극적인 뜻이 중생의 제도에 있음을 상징화한 것이다.

# 나의 업식을 보다(觀)

안경(眼境): 우리 인간은 눈에 보이는 것들 특히 눈으로 보는 것으로 살아가는 정보의 80~90%를 얻는다고 한다. 눈으로 보고 좋아하는 것은 탐하고, 싫어하는 것은 배척한다. 그리고 인간은 여실지견(如實知見)하지 못하고 자신의 상(想)으로 보기에 제대로 정확하게 볼 수 없다. 그래서 서로 간에 오해와 불신을 하게 된다.

이경(耳境): 인간은 들리는 소리에 끄달려서 산다. 칭찬은 탐하고 비난은 싫어하고 끊임없이 소리에 시비하고 사량분별한다.

설경(舌境): 우리는 맛있는 음식을 탐하고 맛없는 음식을 투정하고 불평불만하며 시비하고 사량분별한다.

비경(鼻境), 신경(身境)의 경계에도 끄달려서 산다. 몸의 촉감에 느껴지는 옷과 환경들에 좋아하기도 하고 마음에 안 들면 싫어하기도 하며 늘 시시비비하고 불평불만한다.

의경(意境): 오감각인 안이비설신에 끄달리지 않을 때에는 의경에 끄달려서 시비한다. 특히 과거와 미래를 오가며 망상하고 상상하며 사량분별한다.


삶을 고요히 들여다 보라.

육경의 여섯 가지 경계에 부딪혀 촉(觸)-〉수(受)(탐욕심이
일어나거나 분노가 일어나거나 시시비비함)-〉갈애(渴愛)
(탐욕심이 계속 일어남)-〉취착(取著)(계속된 집착심)-〉유
(有)(업식이 생겨남)-〉생(生)(업식이 만들어짐)-〉노병사(老
病死)(업식이 강해지거나 약해지거나 없어지기도 함)

12연기의 과정 속에서 무명(無明)의 폭류(瀑流) 속에서 윤
회를 계속 되풀이한다.

12연기의 고리를 끊고 생사에서 벗어나는 방법은?

바로 수(受)이다. 수는 사띠의 힘이 있어야 한다. 육경이
일어나는 순간에 알아차림으로 탐진치를 방하착한다. 아상
인상 중생상 수자상을 내려놓는다.

그래서 자기 자신의 신수심법(身受心法)을 볼 수 있는 힘
이 관(觀)이며 사띠이다.

자기 자신의 신수심법의 원리는 오온(五蘊)의 형성과정을
아는 것이다.


색(色)(육경의 색과 접촉)-〉수(受)(탐진치 아상아만의 생

멸발생)-〉상(想)은 의식작용(제6식의 작용)-〉행(行)(의도
적 행위작용 발생)-〉식(識)(업식의 프로그램 형성)

이러한 오온(五蘊)은 시간과 공간의 12연기 속에서 일어난
다.

무명-〉행-〉 식-〉명색-〉 접촉-〉수-〉 갈애-〉취착-〉
유-〉생-〉노-〉병-〉사---〉

오온의 덩어리인 오취온(五取蘊)은 육경과 에고의 만남으
로 이루어진 상(相)을 아상이라고 한다. 바로 나(我)라고 알
고 있는 것이다. 그러나 실체를 보게 되면 실체가 없다. 바
로 무아(無我)이다.

아(我)라고 알고 있는 것은 오취온(五取蘊)이며 에고의 탐
진치 덩어리일 뿐이다.

수행을 통해서 자기의 생각으로 보는 것이 없어지고 실제
로 있는 그대로 본다. 실제 있는 그대로 봄을 통하여 자기
마음대로 자기 자신을 통제하지 못하고 원인과 결과의 법칙
에 따라 존재하며 고통받는 존재에서 벗어난다. 이것이 부
처님의 가르침이다.


거대한 에고덩어리인 상(相)을 척파하고 윤회의 수레바퀴
를 멈추고 전도몽상에서 벗어난다.

〈거창 붓다선원〉에서 오문(五門)의 인식과정을 바라본다. 오문인식과정은 눈, 귀, 코, 혀, 몸의 문에서 형상, 소리, 냄새, 맛, 감촉을 대상으로 일어나는 인식과정이다. 5문인식과정은 대개 의문인식과정으로 이어지지만 대상이 약하거나 마음의 힘이 약하면 5문인식과정으로 끝나기도 한다.

눈, 귀, 코, 혀, 몸, 정신이라는 감각기관으로 그 대상인 형상, 소리, 냄새, 맛, 감촉, 법을 순간순간 자각하면서, 좋은 현상과 나쁜 현상의 인식과정을 사띠한다. 좋은 현상이 누적되면 몸과 마음이 건강하고 활기차며 행복한 인생이 된다. 그러나 나쁜 현상의 인식과정이 누적되면 힘들고 불행한 인생이 되고, 정신적인 문제도 초래된다.

나쁜 현상의 영향을 주는 대표적인 삼독이 바로 욕심(탐), 성냄(진), 어리석음(치)이다.

그러니 행주좌와(行住坐臥) 어묵동정(語默動靜)에 항상 사띠하라.

삼독을 방하착한다.

# 체(體) 상(相) 용(用) 인연법

영원한 대자유를 얻기 위해서는 체상용의 인연법을 알아야 한다. 먼저 체(體) 존재의 실체, 본질은 무엇인가를 아는 것, 둘째는 이 세상은 어떻게 만들어졌는가? 그리고 셋째로 이 세상이 어떻게 움직이는가?이다.

존재의 본질인 실체(實體)는 무엇인가?

존재의 본질인 실체(實體)를 살펴보면, 이 세상의 모든 것은 실체가 없다. 내 몸을 분해하면 지수화풍인 물질과 정신작용이다. 자동차를 분해하면 수많은 기계부품들, 시계를 분해하면 수많은 나사들, 컴퓨터를 분해하면 수많은 칩들, 컵을 분해하면 흙과 물과 불 등등, 쪼개고 쪼개면 ........아 무것도 없다.(양자물리학)

내 몸은 여러 가지 인연의 합일 뿐, 자동차도 여러 가지 인연의 합일 뿐, 컴퓨터도 컵도...여러 가지 인연들의 합일체이다. 사실은 실체가 없다.

실체가 없는 세상을 상(相)으로 살아간다. 내 앞에 잘생긴 여자, 못생긴 남자가 있다. 내 앞에 돈, 다이아몬드 .....등이 있다. 돈을 보는 순간, 육경에 접촉하는 순간 바로 상에 걸린다.

아상(我相)에 걸린다. 자신이 살아오면서 겪은 일의 영향으로 사물을 왜곡해서 보게 된다. 그리고 자신이 경험한 것을 통해서 세상과 소통한다. 자신이 경험한 것이 사물을 왜곡해서 보게 한다. 예를 들면, 학력에 콤플렉스가 있는 사람은 세상을 볼 때 학력을 비중 있게 바라본다. 또한 자신이 태어나서 살아온 환경의 영향을 받기에 사람들이 만들어 놓은 제도나 관습인 인상(人相)에 걸린다. 그리고 무지무명과 탐진치에 물든 중생은 어리석음에서 비롯된 모든 상들인 중생상(衆生相)에 걸린다. 그리고 100년도 못 사는 인간은 유한한 생명체에 불과한 한계인 수자상(壽者相)에 걸린다. 마치 하루살이가 하루밖에 살지 못하므로 전체를 보지 못하고 하루의 단견(短見)을 옳다고 주장하고 내세우는 것과 같다.

그러면 이 세상을 어떻게 작용(作用)하는가?

세상은 인연법으로 작용한다. 시간과 공간 속에서 만난 인연은 세세생생 연결되어 온 것으로 인연으로 만들어진 것은 힘이 있다. 세상이 작용하는데 업력이 작용한다. 이러한 인연법에 의해 살고 있다. 이러한 인연법은 인과의 원리로 움직인다. 인간인 우리는 육안(肉眼)으로만 세상을 보기에 희노애락애오욕으로 슬퍼하고 힘들어한다. 그러나 실체법과 인연법을 알게 되면 본래 그 자리 마음자리뿐이다.

깨달음이란?

체상용(體相用)을 아는 것 더 나아가 뼛속 깊이 체득하는 것이다.

"내가 누구냐?"

깨달음이란 내가 실체가 없음을 깨닫는 것, 무아임을 깨닫는 것이다.

실체가 없다. 제법이 무아이다.

인연에 의해서 만들어진 것을 실체라고 믿는 몽상에서 벗어나 제법무아임을 안다.

몽상에서 깨어나라. 깨어나면 해탈이요, 해탈하면 열반이다.

수행을 통해서 자기의 상(想)인 생각으로 보는 것이 없어지고 실제로 있는 그대로 본다. 실제 있는 그대로 봄을 통하여 자기 마음대로 자기 자신을 통제하지 못하고 원인과 결과의 인연 법칙에 따라 존재하며 고통받는 존재에서 벗어난다. 영원한 대자유를 얻게 된다. 해탈한다. 이것이 부처님의 가르침이다.

제
4
장

겨울 – 자비로운 삶

# 삶은 바람 같은 것 1

만나면 베풀고 헤어지면 평화로워라
우리는 살면서 많은 인연을 만난다.
어떤 인연은 삶을 행복하게 하고 어떤 인연은 힘들게 한다.
그러나 그 모든 인연은 소중하다.

하얀 꽃 향기 따라
콧노래 부르며 바람을 가르고
오늘, 눈부신 태양을 보고 아름다운 새벽을 보고
상쾌한 기분으로 매일매일 맞이한다.
욕망의 흐름을 건너고 번뇌를 제거한
깨달은 바람을 만났기 때문이다.

# 기도

기도를 하면 복을 받고 원하는 것이 이루어지며
타인의 마음도 바꿀 수 있는 공덕(功德)이 생긴다.

그런데 이것보다 더 중요한 것은
기도하면 내가 어떠한 상황에 처했을지라도
그 상황을 이겨낼 수 있는 힘을 길러준다는 것이다.
팔풍(八風)이 거세게 불더라고 부처님이 내 가슴에 존재하고
부처님이 내 기도를 받아주시고 가피를 주셔서
어떠한 일도 다 극복할 수 있는 힘이 생긴다.

유구개고(有球皆苦)
무구개락(無球皆樂)

구함이 있을 때 고통이 일어나고
구함을 버릴 때 집착으로부터 자유로워진다.

# 기도문

가정과 직장 그리고 내가 있는 곳에서
부처님 가르침대로 살아가겠습니다.

욕심과 어리석음, 화내는 마음 내려놓고
가난하고 소외되고 고통받고 괴로워하는 사람들을
사랑하고 불쌍히 여겨 그들을 감싸 안겠습니다.

아직 부처님 법을 만나지 못한
세상의 많은 사람들을 위해
법을 바로 배우고 전하겠습니다.

〈참회합니다〉
자비심을 내어서
참회하는 공덕으로
모든 생의 인연들의 죄업이 풀리기를 바랍니다.
모든 중생의 죄와 업을 내 허물로 삼아 참회합니다.

〈달라이라마의 기도문〉

사람을 만날 때마다 언제나 나 자신을 가장 미천한 사람으로 여기고,

내 마음 깊은 곳에서 상대방을 최고의 존재로 여기게 하소서.

나쁜 성격을 갖고 죄와 고통에 억눌린 존재를 볼 때면,

마치 귀한 보석을 발견한 것처럼, 그들을 귀하게 여기게 하소서.

다른 사람이 시기심으로 나를 욕하고 비난해도,

나를 기쁜 마음으로 패배하게 하고,

승리는 그들에게 주소서.

내가 큰 희망을 갖고 도와준 사람이 나를 심하게 해칠 때,

그를 최고의 스승으로 여기게 하소서.

그리고 나로 하여금 직접 또는 간접적으로 모든 존재에게,

도움과 행복을 줄 수 있게 하소서.

남들이 알지 못하게 모든 존재의 불편함과 고통을 나로 하여금 떠맡게 하소서.

〈임종기도문〉

내가 버림받은 이들의 보호자가 될 수 있기를

길 가는 이들의 길잡이가 되고

행복의 언덕을 갈망하는 이들의 나룻배가 되고

다리가 되어 줄 수 있기를

거친 풍랑에 안전한 섬이 되어 주고

어두운 세상에 지혜의 등불이 되기를

침대가 필요한 이들에게는 침대가 되기를

기적의 돌, 보물단지, 마법의 주문, 치유의 약초, 소원의 나무,

풍요로운 암소가 될 수 있기를

우주가 존속하는 한

중생들이 존재하는 한

나 역시 여기 남아 그들의 고통을 대신 받고 위로할 수 있기를

우주가 다할 때까지 중생이 남아 있는 한

나는 세상의 불행을 없애는 자로서 남아지이다.

인도불교의 위대한 성자 샨티데바의 입보리행론에 나오는 '임종기도문'이다.

이 짧은 기도문에는 불보살의 위대한 서원과 자비심이 느껴진다.

〈임종 후회〉

1. 베풀지 못한 것에 대한 후회

2. 참지 못한 것에 대한 후회

3. 즐겁게 살지 못한 것에 대한 후회 : 아등바등거리며 집착하고 살았는가?

# 관자재보살(觀自在菩薩) 1

관자재보살이 되어 영원한 대자유인이 된다.
항상 몸과 마음을 관하라.
자유를 얻게 된다.
지혜가 따라온다.
지혜가 생긴다.
자비심이 올라온다.

오랫동안 형성된 훈습의 그림자를 사띠하고 방하착하라.
바람처럼 흘려보내라.
그리고 복덕자량(福德資糧)을 쌓아라.
매일매일 고개 숙이고(상을 내리고, 아는 소리 내리고)
몰래몰래 두타행(頭陀行)하면서 공부하고 공부하라.
배가 지나가며 거세게 물살을 갈라도
물은 이내 평정을 찾아 고요해지듯
오늘 누군가가 혹여 내 마음을 찢어놓고 흔들어도
고요히 호흡하고 명상하면 마음이 고요하다.

호흡명상하면서 텅 빈 마음을 보게 된다.
허공처럼 대자유를 얻게 된다.


〈언(言)〉
한마디 말이 꽃 향기가 되고
한마디 말이 따뜻한 밥 한 그릇이 되고
한마디 말이 지친 사람에게 희망이 되고
한마디 말이 상처 입은 사람에게 치료제가 되고
내가 하는 말 한마디가 어둠을 밝히는 등불이 되게 하소서.

# 관자재보살 2

누군가 나의 잘못을 지적하면

먼저 화를 내지 말고 이렇게 한번 해본다.

"잘 보셨습니다. 잘못을 알려줘서 감사합니다."

상대도 나도 평안해진다.

오늘도 108배 절을 하며 참회한다.

비록 화가 머리끝까지 나더라도

그 때문에 막말하지 않으며

상대의 약점을 들추지 않고

나 자신을 사띠한다.

"오늘 하루 누가 나를 공격하더라도 한 발짝 물러나서 반응하지 않겠습니다.

저들은 과거의 나 자신이며 전생의 형제자매이자 부모님입니다. 참회합니다." 호흡하며 속삭여 본다.

# 관자재보살 3

제가 모르는 사이에 당신의 마음을 편치 않게 했다면
저를 용서해주소서.
무수한 생을 살아오는 동안 그가 내게 한 것과 똑같은 일을
나 역시 누군가에게 했을지도 모릅니다.
용서한다고 하지만 사실은 내가 누군가를 용서하는 순간
나 자신이 저지른 잘못까지 용서받는 셈입니다.
두려운 생각, 불안한 생각,
알 수 없는 공포감이 밀려올 때,
그것은 단지 생각일 뿐입니다.
인욕은 대지와 같이 흔들림 없고
의지는 일주문 기둥처럼 든든하며
마음은 깊고 잔잔한 연못처럼 맑으니
배가 지나가며 거센 물살을 갈라도
물은 이내 평정을 찾아 고요해지듯
오늘 누군가 내 마음을 찢고 흔들어도
호흡하고 명상하며 마음이 고요합니다.

# 공덕의 향기

나의 헌신과 사랑이 다양한 사람들의 삶 위에서
희망과 기쁨이 되게 하소서
고통받는 사람들이 존재하는 한
저 또한 그때까지 고해의 바다에 머물러
그들이 괴로움에서 벗어나도록
도울 수 있게 하소서.

뭇 사람들의 선한 마음과 이익을 위하여
보리심을 일으키고
육바라밀(六波羅密)을 통하여
보리행을 실천하게 하소서.

# 성장

10년 전에 내가 이미 내가 아닌 것처럼
상대도 어제의 그 사람이 아니다.
누군가를 용서한다는 건,
변화하는 세상의 생멸멸이 이치를 아는 것이다.
우리는 상대가 나를 해칠까 봐 내 안에 가시를 만들고
그렇게 내 안의 가시와 상대의 가시가 부딪혀 피가 나고
상처가 난다.
흙은 더럽거나 깨끗하거나 작거나 크거나
땅을 의지하는 것은 무엇이든지 다 받아서 키우고 살린다.
오늘은 용심여토(用心如土)인 흙의 성품을 배운다.
나도 상대도 인생에 대해 경험하고 배우고 있다.

고마운 사람이건 미운 사람이건
만나는 사람에게 모두 "고맙습니다" 인사하라.
고마운 사람은 고마우니 인사하고
미운 사람은 탐진치를 성찰할 수 있는 기회를 주니 감사하다.

내가 행한 실수로 나는 더욱 현명해지고 겸손해진다.
내가 받은 상처로 나는 자비심을 배울 기회를 얻는다.
슬픔과 고통으로 나는 성숙해진다.
세월이 갈수록 늙어가는 것이 아니라 익어가는 것이다.
성장하는 것이다.


생야일편부운기(生也一片浮雲起)
사야일편부운멸(死也一片浮雲滅)
부운자체본무실(浮雲自體本無實)
생사거래역여연(生死去来赤如然)


삶이란 한 조각 구름이 일어남이요.
죽음이란 한 조각 구름이 스러짐이라.
구름은 본시 실체가 없는 것이요
죽고 살고 가고 옴은 모두 그와 같은 것이다.
－서산대사－

# 열매

과거의 업(業)이
현재의 습(習)이
미래의 원(願)이
항상 최선을 다하는 삶을 살다 보면 최고가 되어있다.

하나의 열매는
봄에 부는 봄바람이
여름에 뜨거운 열기가
가을 겨울의 서리가 만물을 영글게 만든다.

〈경주 최씨 집안의 가계(家戒)〉

* 국가시험을 보되 4급 이상의 벼슬을 하지 마라.

* 재산은 만 석 이상 모으지 마라.

* 손님을 후하게 대접하라.

* 흉년에는 재산을 모으지 마라.

* 시집올 때 은비녀 이상의 재물을 갖고 오지 마라.

* 사방 백 리 안에는 굶어 죽는 사람이 없게 하라.

* 오 리를 가자 하면 십 리를 가줘라.

# 회향게(廻向偈)

원이차공덕(願以此功德)

보급어일체(普及於一切)

아등여중생(我等與衆生)

당생극락국(當生極樂國)

동견무량수(同見無量壽)

개공성불도(皆共成佛道)


바라옵건대 내가 쌓은 공덕들로 인해

저를 비롯한 모든 이들이

두루 미치어

미래에는 극락에 태어나서 함께

무량수 부처님을 뵙고

성불하여지이다.

부처님과 통하는 주파수는 번뇌 없는 마음을 잘 모아 기도하는 것이다. 나와 집중력이 부처님의 위신력과 동일한 파장을 이루어 능히 소원성취를 할 수 있게 한다.

세상의 모든 것들을 관세음보살님의 자비심으로 끌어안고, '무한 우주에 있는 모든 중생을 다 제도하리라'를 간절한 마음으로 서원한다.

아상(我相), 인상(人相), 중생상(衆生相), 수자상(壽者相)이라는 자아(自我)에 떨어지지 않는 마음으로, 보시, 지계, 인욕, 정진, 선정, 지혜의 육바라밀을 행하리라.


〈수행자의 칠바라밀의 날〉
월요일은 보시의 날
화요일은 지계의 날
수요일은 인욕의 날
목요일은 정진의 날
금요일은 선정의 날
토요일은 지혜의 날
일요일은 만행의 날 봉사하는 날입니다.

# 120세 발원

120살까지 인생 계획을 세워야 한다.

인생의 전반인 60년을 경험으로 인생 후반의 60년을 발원(發願)한다.

성공을 위한 삶에서 완성을 위한 삶으로,

무지(無智)와 무명(無明)에서 벗어나

지혜(智慧)와 자비(慈悲)로

무상정득정각(無上正得正覺)을 이루리라.


지난 세월 60여 년 동안

당신도 그랬을 테지만

내 인생에도 힘든 일이 많았다.

기쁘고 행복한 일들뿐만 아니라

힘들고 어려운 일 또한

오늘의 나를 있게 했다는 것이다.

그 모든 삶의 순간을 통과하여

나는 더 강해졌고 삶을 더 사랑하게 되었다.

내가 누구인지, 내 삶의 가치와 목적이 무엇인지를
더욱 분명하게 알게 되었다.


앞으로 살게 될 60여 년은,
지난 삶은 부, 권력, 명예를 추구하는 삶이었다면
남은 삶은 타인의 행복과 이익을 위한 봉사의 삶을 살 것
이다.
이제까지 비판하고 경쟁하는 삶을 살았다면
이제부터는 모든 것을 포용하는 바다 같은 마음으로 살 것
이다.
남은 생은 모든 것을 받아들이는 진리의 바다 같은 마음으
로 살 것이다.


아드님은 날 제행무상(諸行無常)으로 이끌었네.
남편은 날 제법무아(諸法無我)로 이끌었네.
남편, 자식 모두 나의 선지식(善知識) 스승이라네!

# 삶의 가치

마라톤의 가치를
우승에 두면 부담스럽게 되지만

완주에 두면
즐기면서 달릴 수 있는 것이다.

인생의 의미를
성공에 두면 경쟁 속에서 살아가게 되지만

행복에 두면
즐겁게 살아갈 수 있는 것이다.

모든 것은
자신이 선택한
가치관이란 상(相)자에서 만들어진다.

선택의 결과에 따라
삶의 방향과
인생의 의미가 크게 달라지는 것이다.

인생을 행복에 가치를 두면
날마다 좋은 날이 된다.
날마다 좋은 날은 과거도 좋은 날이 되고
미래도 좋은 날이 된다.
바로 극락왕생하는 것이다.

# 항복기심(降伏旗心)

1. 스트레스라고 생각하지 않는다.

인생이란 원래 고군분투(孤軍奮鬪)하는 것 한바탕 연극이다.

2. 어렵다고 생각하지 않는다.

성불(成佛)도 기꺼이 감내하고 생사(生死)를 벗어던지려고
수행하는데
세상에 어려운 일이 뭐가 있겠는가.

3. 바쁘다고 생각하지 않는다.

비록 몸은 바빠도 그 마음은 편안하고 고요하다.
정중동 동중정하라.

4. 시비(是非)를 가지지 않는다.

조건과 상황에 따라 좋은 것이 나쁘고, 나쁜 것이 좋을 뿐
이다. 단지 바라만 본다.

5. 추위와 더위를 느끼지 않는다.

추울때는 추운 곳으로 가고, 더울 때는 더운 곳으로 가라.
추위와 더위를 상관하지 않으면 마음이 저절로 편안하고
머무는 곳마다 인연 따라 자재(自在)할 수 있다.

6. 칭찬과 명예를 자랑스럽다고 생각하지 않는다.

역경(逆境)뿐만 아니라 자랑스러운 상황인 순경(順境)이
닥쳐와도 여여(如如)하라.

7. 부당(不當)하다고 생각하지 않는다.

상황에 유연하게 대처하는 기백과 도량이 필요할 뿐이다.

8. 시차(時差)를 느끼지 않는다.

시차에 갇히지 않을 때 비로소 세상은 끝없이 넓고 마음에
는 걸림이 없다.

9. 거리를 느끼지 않는다.

스스로 마음이 편안하면 동서남북 어디라도 좋으니 삼천
대천 세계가 두루 좋다.


10. 좌절(挫折)하지 않는다.

타인으로부터 업신여김을 당하게 되면 자신의 덕(德)이 부
족하구나.

상해(傷害)를 입으면 자비가 부족하구나.

오로지 인연 따라 흐르는 평상심(平常心)만 바라본다.


11. 부족하다고 생각하지 않는다.

불법(佛法)을 만났고, 자비심(慈悲心)이 가득하고 육도만
행(六度萬行)이 청정한 공덕이 가득한데 부처님의 자식으
로 부족한 것이 무엇이겠는가?

하루라도 젊을 때 빨리 지혜로운 인생관을 세우면 더 탄탄하고 아름다운 인생을 걸어갈 수 있다. 또한 희생과 봉사를 함으로 아상을 꺾을 수 있고, 108번뇌 군대와 싸워 이기는 사람이 진정한 승리자이다. 왜냐하면 인생에서 최대의 적은 자기 자신이다.

인생 최대의 승리는 적을 이기는 것이 아니라, 나 자신을 이기는 것이다.

불교를 배우는 것은 자신의 번뇌 군단과 전쟁을 벌이는 것이고 염불과 절과 명상은 자신의 번뇌 습성을 바꾸는 것이다.

자신의 마음에 이기심, 탐심, 원망, 불만, 비교, 성냄, 시기 등의 감정에 점령당해 있을 때 번뇌에서 벗어나는 것이다. 자신을 이기는 것이다.

자신의 도덕적 심리적 인격적인 성공이 진정한 성공인 것이다.

# 삶은 바람 같은 것 2

삶은 바람 같은 것
만나면 베풀고 헤어지면 평화로워라.
우리는 살면서 많은 인연을 만난다.
어떤 인연은 삶을 행복하게 하고, 어떤 인연은 힘들게 한다.
그러나 모든 인연은 소중한 것이다.

하얀 꽃 향기 따라
콧노래 부르며 바람을 가르고 오세요.
오늘!
눈부신 태양을 보고
아름다운 새벽을 보고
상쾌한 기분으로 새날을 맞이한다.
욕망의 흐름을 건너고 번뇌를 제거한 깨달은 사람을 만났
기 때문이다.

물러남으로써 나아가라.
네가 옳고 내가 틀리다.
네가 높고 내가 낮다.
네가 있고 내가 없다.
네가 즐겁고 내가 괴롭다.


제행무상(諸行無常)
시생멸법(是生滅法)
생멸멸이(生滅滅已)
적멸위락(寂滅爲樂)


보고듣는 모든 현상은 변한다
곧 생하고 멸하는 법칙이다
이 생멸이 생멸 아님을 깨달으면
곧 고요한 열반의 경지이리
- 열반경(悅槃經) -

# 윤회

오늘은 어제의 연장이요, 내일은 오늘의 상속이다.

전생은 금생의 과거요, 내생은 금생의 미래이다.

사람들은 어제를 돌아보고 내일을 바라보며 오늘을 살아가고 있다. 어디에서 와서 어디로 갈 것이며 언제 갈지 모른다. 확실한 것은 언젠가 모두 가야한다는 사실이다. 윤회한 사후에 인간이 실질적 존재로서 어딘가 정해진 장소에 어떠한 형태를 갖추어 태어나고 변모한다는 것이다.

부처님께서는 말씀하셨다.

"나는 전생의 여러 가지 일들을 회생했다. 1,2,3,... 100, 1000... 존재들이 한 상태에서 사라졌다가 또 다른 상태로 나타나는 것을 혜안으로 통찰했다.

그는 천하고 고귀하고 아름답고 추하고 즐겁고 비참한 것이 자신들의 행위에 따라서 지나가는 것을 보았다. 많은 생을 거치면서 나는 이 몸을 지은 자를 찾기 위해 방황했다. 참으로 태어나고 또 태어나는 일은 괴로운 일이다."

"티벳사자의 서"라는 책을 보면 인간은 죽을 때 마지막으로 생각하는 그것이 다음 생으로 결정된다고 한다. 살아온 습관이 반복되는 것을 업(業)이라고 한다.

조사스님의 어록에서 보면 맑은 하늘에 구름이 모이는 것이 삶이요, 모였던 구름이 흩어지는 것과 같은 것이 죽음이다. 뜬구름 자체는 실체가 없더라. 태어나고 죽는 것도 이와 같다.

불교를 믿는다는 것은 똑똑해지고 현명해지기 위해서이다. 욕망을 버리고 불법승 삼보의 세계만 생각하라. 아미타불의 세계는 무량광(無量光) 무량수(無量壽)이다. 그래서 나무아미타불은 나는 영원의 빛의 세계로 돌아간다. 나는 영원한 생명의 세계로 돌아간다는 뜻이다.

나무아미타불 관세음보살을 염불하면 작은 연꽃 봉오리가 좀 더 크게 자랄 것이다.

매일 염불하면 연꽃 봉오리는 점점 더 자라나게 될 것이다.

수행이 좋은 결과를 맺게 되면 우리는 그 연꽃을 통해 태어날 것이다.

숨을 들이쉬고 미소를 지으면 평화와 기쁨의 연꽃 봉오리가 자기 속에 나타나 마음속에서 활짝 피게 된다.

# 불이문(不二門)

죽음 앞에서는 빛(출세)과 그림자(실패)도 한 몸이다.

악을 보고도 질색하지 않고

선을 보고도 애쓰지 않는다.

분노는 자비로써 이겨내고

악은 선으로 이겨내라

비방과 중상은 비방과 중상을 참음으로 이겨낸다.

인색은 자기 것을 보시함으로 이겨내고

거짓말은 진실한 말로써 이겨낸다.

어디에도 마음을 쓰지 마라.

어디에도 마음이 쓰일 수밖에 없는 삶을 달갑게 받아들여라.

생명으로써는 어쩔 수 없는 도리이다.

아버지와 아들

거미와 잠자리

시어머니와 며느리

교감과 교사

먹이사슬처럼 먹고 먹히는 약육강식의 세계에서 살고 있다.

회광반조(廻光返照)
화내는 내가 누구지?
지광이라고 부르는 내가 누구지?
번뇌와 싸우는 내가 누구지?
자식과 직장일 때문에 걱정하고 괴롭고 걱정하는 내가 누구니?

바쁘게 허둥대며 사는 모습은
헛된 경계 집착하며 살아가는 삶은
꿈과 같고 그림자 물거품 같아서
허깨비에 얽매여서 살 필요 없다.

들이쉬고 내쉬는 숨 호흡 사이에
잠깐 동안 내 목숨이 달려있지만
이 세상도 한 순간에 흩어지는 것
무엇 하나 집착할 것 전혀 없구려.

# \<나의 스승님\> 남편을 통해서 나를 완성해 가다

부처님법 공부를 하다 보니 남편이 남편이 아니라 그 이름이 남편임을 알게 되었다. 또한 아들이 아들이 아니라 그 이름이 아들임을 알게 되었다. 부모님이 아버지 어머니가 아니라 그 이름이 아버지 어머니임을 알게 되었다.

세세생생 수억 겁의 인연과 그 인연 속에서 탐진치(貪瞋痴)와 신구의(身口意)로 상처를 준 나의 업식(業識)덩어리가 들어 있었다. 이번 생에 그 업으로 다시 어리석은 생각을 가지고 입으로 몸으로 집착하여 상처를 내고 있었다.

지금 내가 받고 있는 모든 것들은 내가 상대에게 준 상처임을 알고 참회합니다.

지금 남편이 화를 내고 있습니다. 내가 준 상처임을 알기에 참회합니다.

지금 남편이 아내를 무시합니다. 내가 준 아상(我相)과 아만(我慢)의 상처임을 알기에 참회합니다.

지금 남편이 나를 몹시 힘들게 합니다. 참회합니다. 내가 준 상처가 너무 크다고 보기에 어떤 어려움도 기꺼이 다 받을 각오를 합니다. 나의 사지(四持)를 자르고 활절신체(割截身體)하여도 기꺼이 받아들이겠습니다.

나이가 들어 당신의 몸에 혹시나 병이 온다 해도 기꺼이 병(病)수발(垂髮)로 당신의 아픈 마음을 위로하겠습니다. 당신의 병을 씻어드리겠습니다.

기꺼이 웃으면서 받아들이겠습니다.

칠성여래부처님~

남편이 모든 것을 달라고 해도 다 드리겠습니다.

내가 가진 모든 것들 그리고 심지어 내 목숨까지도 다 드리겠습니다.

이것이 세세생생 살면서 지었던 업에 대한 참회의 길입니다.

이번 생에 모든 죄업 다 받아들이고 고통과 번뇌에서 벗어나서 부처님의 아미타불극락세계에서 불법을 수호하고 중생을 제도하며 지혜와 자비로 살겠습니다.


관세음보살님,

탐진치를 방하착하고, 아상 아만을 하심하며

일심으로 관세음보살님을 염하며 아뇩다라삼막삼보리를 이루겠습니다.

무상(無常) 고(苦) 무아(無我)로 색자재, 심자재, 법자재로 관자재보살을 이루겠습니다.

마침내 모든 고통과 번뇌에서 벗어나 지혜와 자비로 무상
정등정각(無上正等正覺)을 이루겠습니다. 보시(報施) 지계
(持戒) 인욕(忍辱) 정진(精進) 선정(禪定) 반야(般若) 방편(方
便) 원(願) 력(力) 지(智)의 십바라밀을 이루소서.

부처님, 가피를 내려주소서,

부처님 제가 근기가 부족하여 깊고도 묘한 법을 방편으로
써 이끄는 힘이 부족합니다. 일체 중생의 근기에 계합(契合)
하는 방법과 수단을 편리하게 사용하는 힘이 부족합니다.

또한 여러 가지 근기의 중생들에게 이치에 맞는 말을 하는
방법이 부족합니다.

여러 근기의 중생들에게 수순(隨順)하게 교화하는 편법의
힘이 부족합니다.

방편바라밀(方便婆羅蜜)의 힘을 주소서.


부처님,

모든 진리를 올바로 사유하고 참다운 지혜로써 간택하고
뛰어난 공덕을 쌓아 중생을 교화제도하겠습니다.

원바라밀(願波羅蜜)의 실천할 수 있는 힘을 주소서.

더 나아가 법과 중생을 위하여 몸을 바칠수 있는 대원(大

願)바라밀의 힘을 주소서.

부처님,

저를 열반(涅槃) 해탈(解脫)로 이끌어 줄 선지식 스승님 인연을 가피주소서.

제 남편에게도 좋은 인연(因緣)을 가피주소서.

부부가 도반이 되어, 업장(業障)은 소멸하고

사대(四大)가 건강하고 육근(六根)이 청정(淸淨)하며

수행정진하여 나무아미타불을 이루겠습니다.

# 일심(一心)

상대의 업식으로 입으로 몸으로 생각으로 아무리 나를 괴롭히더라도

비바람이 세차게 불어닥치더라도

아무리 더러운 쓰레기라도

흙으로 덮으면 거름이 된다.

단지 참회하라, 그리고 단지 바라보기만 하라.

나의 집착을 사띠하고

나의 집착의 원인인 탐진치를 방하착(放下著)하고

나의 고통의 원인인 아상과 아만을 하심(下心)하라.

그리고 호흡하고 오로지 존재(I AM)하라.

척판암의 경허스님 게송으로 일심하라.

# 사바세계(娑婆世界)

사바세계는 피라미드와 같은 세계이다. 매번 대립하고 경쟁해야 하는 사회구조이다.

대립하고 경쟁해야 하는 이 사바세계는 고해(苦海)의 바다이다. 고락(苦樂)의 세계이다.

고해의 바다에서 수영을 잘해야 살아남는다. 아니면 바다에서 벗어나서 멀리서 지켜보는 것이다. 고통에서 벗어나는 길을 심출가(心出家)하고 하심(下心)하여 다른 사람 위에 서고자 하는 생각을 버리는 것이다. 즉 보살(菩薩)로 사는 것이다. 성패(成敗)가 없는 세계, 시비(是非)가 없는 세계이다.

자기 중심적인 사고에서 벗어나 무아의 삶 즉 보살로 사는 것이 그 해법이다.

〈십선계법〉

불살생 – 방생

불투도 – 근면

불사음 – 청정

불망어 – 정어

불기어 – 여어

불양어 – 화어

불악구 – 애어

불탐애 – 보시

부진애 – 작소

불치암 – 공부

–한암스님–

# 무심(無心)


생각에서 시비하거나 저항하지 말고
물처럼 흘려보내라.


저항하는 마음도 시비하는 마음도
그냥 내버려 두세요.


구름처럼,
바람처럼
탐욕도 내려놓고,
집착도 벗어놓고
바람처럼,
구름처럼
살다가 가세.

# 인드라망

일미진중함시방(一微塵中 含十方)
일체진중역여시(一切塵中 亦如是)

"한 작은 티끌 속에 시방세계 머금었고
온갖 티끌 가운데도 또한 이와 다름없네."
-법성게-

하나를 보면 열을 안다.

수정구슬인 보배구슬이 360도 주변 법계를 비추고

옆에 있는 수정구슬의 이미지를 비추고

그물마다 수정구슬 보배구슬이 달려 있다.

내가 40명의 학생을 보고 있다.

내 눈동자 속에 40명의 눈동자가 들어 있다.

40명의 눈동자가 학생 눈동자 속에 들어가고

학생 눈동자 속에 40여 명을 보고 있는 내 눈동자가 들어
있다.

이 세상 모든 것은 연결되어 있다.

가까울수록 집착하고 영향을 많이 받는다.

그러나 바탕이 청정하다면 물들지 않는다.

# 염오(染汚)

고통을 철저히 이해한 자는 무엇이 오든 피하지도 받아들이지도 않는다.

염오한다. 즉 관여하지 않는다. 삶이라고 부르는 것을 외면해 버려야 한다. 왜냐하면 현상을 변화시키려 하는 것은 우리를 삶 속에 더 깊이 휘말려 들게 한다.

현상을 사라지게 하는 것은 일종의 거부나 무시이다.

우리가 사물이나 현상에 관여하지 않을 때 염오가 일어나면서 마음은 그것들을 외면해 버린다. 그것들이 사라져 버린다. 나의 세계에서 그것들이 사라진다.

의식은 더 이상 관여하지 않는다. 마음이 관여할 때 뿌리를 내리고 의식이 자라면서 정신적인 건물을 짓는다.

이미 많은 고통을 겪었고 그 고통을 탐구하기에 충분한 자료를 갖추고 있고 어려움이 닦쳐올 때는 그 고통을 깊이 들여다보고 염오의 자세를 갖추도록 한다.

그 고통은 인생의 큰 스승이다.

세상에서 해방되고 세상이 사라지게 내버려 둔다.

자아가 사라진다.

# 장수(長壽)와 단명(短命)

인생의 즐거운 시간을 보내면 단명하고
인생의 괴로운 시간을 보내면 장수한다.
입장을 바꾸면 화가 복이 된다.
베풀 때 사실은 아무런 대가 없이 마치 꾸어간 돈을 갚듯
이 감사하는 마음으로 베풀어야 한다.

나에게 손해를 준 이웃에게는
전생과 현생에 알게 모르게 진 빚을 갚게 해줘서 감사합니다.
나를 때리는 남편에게는 발로 안 때리고 손으로 때려서 감
사합니다.
육경(六境)으로 대하는 것이 아니라 심경(心境)의 세계를
보고 알아차려야 한다.
자신의 무지가 소멸될 때 모든 고통이 사라진다.
지금 일어난 모든 것은 업이 그려낸 그림에 불과하다.
내 마음이 화가라서 그림을 그리고 지금 발생한 것은 꿈일
뿐 집착할 바가 못 된다.

이번 생에
성공이란 자기가 참으로 행복한 것이다.
행복하기 위해서는 사물을 긍정적으로 보아야 한다.
긍정적으로 보기 위해서는 마음에 기쁨이 가득 차야 한다.
마음의 기쁨은 베풀고, 이해하고 배려할 때 솟아난다.

찰진신념가수지(刹塵心念可數知)
대해중수가음진(大海中水可飲盡)
허공가량풍가계(虛空可量風可繫)
무능진설불공덕(無能盡說佛功德)


헤아릴 수 없는 모든 티끌의 수만큼
마음에 새기고 바닷물은 다 마셔버리고
허공을 세어보고 바람은 묶는다 해도
부처님 공덕은 말로 다할 수 없다.
－ 화엄경 －

# 진정한 자유

진정한 자유는 내 마음대로 하는 것이 아니다.
그것으로부터 걸림없이 자유로우면 그것이 자유이자 해탈
이다.

탁 놓아버리면 웃을 일이고 사로잡히면 죽을 것이다.
너무나 오랫동안 습관화되어 있기에 습(習)이 바뀔 때까지
알아차리고 내려놓는다.
머리로 알고 하는 것은 번뇌가 끊임없이 올라온다.

다만 할 뿐이다. 될 때까지 할 뿐 다른 길은 없다.
다만 장구심(長久心)으로 뚜벅뚜벅 천천히 걸어간다.

# 공(空)의 생활화

스쳐 가는 일들에 마음 쓰지 마라.

좋은 것, 나쁜 것, 쾌락과 고통, 동의와 거절, 성취와 실수, 명성과 치욕....

모든 일들은 우리의 인생에 잠시나마 왔다가 사라진다.

시작이 있으면 끝이 있으며 그것은 자연스런 현상이다.

과거에 경험했던 모든 일들도 지금은 끝난 상태이다.

희노애락의 모든 감정 역시 살아오면서 계속 끊임없이 변화한다.


지금 모두 어디로 갔는가?

단지 내가 아는 것 결국 모든 것이 공으로 사라진다.

이 진실을 삶에 받아들일 때 비로소 스스로를 자유롭게 하는 모험이 시작된다.

삶과 죽음도 모두 공이라 아무것도 없다.

이러한 이치를 꿰뚫고 깃털처럼 가볍게 살아간다.

# 회향(廻向) 기도

　모든 존재들이 바로 이번 생에 열반에 쉽게 바르게 도달하기를 기원합니다.

　고통받는 이들이 괴로움에서 벗어나고,

　엄습하는 두려움이 사라지고,

　모든 비탄을 벗어버리고

　모든 존재들이 인식을 찾기를

　모든 존재들이 우리가 이렇게 얻은 공덕의 행복을 성취하기를

　우주와 지구에 사는 존재들,

　힘센 천신과 용신들이 우리가 얻은 이 공덕을 함께 나누기를

　붓다의 가르침을 오랫동안 보호하기를

　오늘 나의 이 공덕이 나의 조상(인연 있는 사람, 육도중생, 우주 존재)에게 돌아가기를 바랍니다.

　부디 건강하고 하는 일마다 이루어지이다.

　삶이 변하고 자유롭고 편안하고 행복한 삶을 누리기를 마음 보냅니다.

육도의 모든 중생이 업장이 소멸되고, 고통과 번뇌에서 벗어나,

자유롭고 편안하고 행복하소서.

모든 육도 중생을 위해 축원하면서 사는 것이 나의 일입니다.


오늘도 열심히 기도합니다.

오늘도 복 많이 받으시고 가내무고하여 만사형통하기를 기원합니다.

별처럼 빛나고 해처럼 밝기를 기도합니다.

붓다로 살자.

매일 삼보께 예경합니다.

독경, 사경, 절, 참선, 염불, 보살행 등 수행을 생활화합니다.

귀 기울여 듣고 온화하게 말합니다. 상대방의 말을 귀 기울여 잘 듣고,

그 말에 공감한 후에 진실된 말, 이익되는 말을 온화하게 합니다.

성불하세요.

# 자제공덕회 : 자비로 세상을 구제하다

쓰나미가 남아시아 일대를 강타하고, 집과 가족을 잃은 수많은 이재민들이 망연자실한 채 바다만 바라보고 있는 스리랑카 해변에 노란 조끼를 입은 한 무리의 대만인들이 도착했다. 이들의 손엔 의약품과 쌀자루가 들려있었고, 이들이 입은 옷엔 자제(慈濟) 즉 자비로 세상을 구제한다는 마크가 찍혀 있었다.

세계 최대 불교 봉사단 자제공덕회,

자제공덕회의 구호 봉사단은 세계 어느 곳을 막론하고 재난이 발생한 곳이라면 어디든지 달려간다. 세계 어느 나라를 불문하고 재난이 발생했다는 소식이 들려오면 당장 짐을 싸고 타이페이 공항으로 달려가는 자제공덕회 회원들.

이들은 "불교는 세상을 외면하는 소극적인 종교"라는 일부 사람들의 비판을 무색하게 할 정도로 적극적인 봉사활동과 사회사업을 펼치는 것으로 이름 높다.

대만 자제공덕회는 1966년 증엄이라는 한 비구니 스님이 창설한 단체이다.

18세의 어린 나이에 아버지가 뇌졸중으로 세상을 달리하자 증엄 스님은 가난과 죽음 그리고 질병이라는 중생이라면 누구나 피할 수 없는 문제를 해결하기 위해 출가를 결심했다. 어린 시절 아버지의 갑작스런 죽음은 스님이 후일 가난한 사람들을 위한 의료사업을 펼치겠다는 발원을 세우는 커다란 계기가 되었다.

자제공덕회는 불자들의 공양에 의해 운영되는 것이 아니라 각종 사업을 통해 자체적으로 운영비를 마련, 독립적인 운영을 해오고 있다.

자제공덕회에 소속된 스님들은 대중 공양도 받지 않으며, 탁발도 하지 않는다. 대신 양초, 병뚜껑, 단추 제작을 비롯한 수공업과 농사일 등을 통해 자급자족 생활을 유지하고 있다. 또 우리나라의 포교사와 비슷한 자제위원들은 모든 일체 경비를 자부담 원칙으로 하며, 모금활동과 자원봉사로 자제공덕회를 운영한다. 이들은 매월 정기적으로 세계 400만명의 후원회원에게 모든 사용내역을 공개하고 있다.

재난을 당한 사람들에게는 쌀이든 의약품이든 학교든 가리지 않고 마구 퍼주는 이들이지만 미국에 있는 자제위원이 대만에서 정기적으로 열리는 '봉사자 교육'에 참가하기 위해서는 단 한푼도 지원받을 수 없고 일체 경비를 스스로 부담

해야 할 정도로 자신에게는 엄격한 곳이 자제공덕회이기도 하다.

이와 같이 지계 정신에 기반을 둔 투명한 경영, 지속적인 사회복지사업, 1만 5천 명의 자제위원, 400만 명의 후원자 등을 기반으로 자제공덕회는 타의 추종을 불허할 정도의 봉사단체로 급성장했다.

증엄 스님은 전문적인 의학을 공부하는 학생이나 봉사활동을 펼치는 자원봉사자들이나 봉사에 참여하는 이들에게 가장 중요한 것은 바로 '인간에 대한 사랑과 존경'임을 강조한다.

"유명한 의사를 갖는 것은 쉽지만 양심 있는 의사를 갖는 것은 쉽지 않다"며 인도주의적 학습을 강조한 스님의 메시지는 자제공덕회가 이 땅에 구현하려는 바가 무엇인지를 알 수 있는 대목이다.

"한 사람의 손이 1000명의 손을 움직인다"는 증엄 스님의 믿음은 천수천안 관세음보살의 손길이 되어 이 땅에 자비희사(慈悲喜捨)의 꽃을 뿌리고 있다.

천하에 내가 사랑하지 않는 사람이 없기를

천하에 내가 믿지 않는 사람이 없기를

천하에 내가 용서하지 않는 사람이 없기를

마음의 번뇌와 원망 근심을 버리고
만인을 사랑하는 마음이 허공에 가득하기를...
병들고 아픈 내 벗들에게
자비희사(慈悲喜捨)의 꽃 뿌리리라.

# 부 록

# 이번 생에 <매일매일 기도문>

이번 생에 떠날 때 좌선하고 웃으면서 죽음을 맞이하소서.

무지무명에서 벗어나 지혜 자비로 아뇩다라샴막삼보리를 이루소서.

탐진치 삼독에서 벗어나 자비희사 사무량심으로 선근의 뿌리 내리소서.

생로병사우비고뇌에서 벗어나 상락아정 열반적정을 이루소서.

행심반야바라밀 수행하여 조견오온개공 도일체고액하는 관자재보살 되소서.

생각 감정 오감을 항상 사띠하고 하심하소서.

탐진치만의를 항상 사띠하고 방하착하소서.

관달숙으로 고통 번뇌에서 벗어나 영원한 대자유 완전한 행복을 이루소서.

만나는 사람마다 가는 곳마다 고통과 번뇌에서 벗어나 극락정토 이루소서.

육도의 모든 중생들이 편안하소서 행복하소서.

우주의 유정 무정의 모든 존재들이 평화롭고 행복하소서.

# 이번 생에 <새해 발원문>

부처님~

신축년입니다.

수행력이 부족하여 아직도 마장에 걸리고

구름이 몰려와서 바람이 불어서 흔들립니다.

지난 해 다사다난(多事多難)했던 한 해

모든 업장은 깨끗이 소멸하고

신축년 새해에는 행주좌와 어묵동정에 항상 사띠하며

탐진치를 내려놓고 방하착 하심하겠습니다.

올해는 마침내

"죽음의 강을 건넜구나, 정말로 다행이구나!"를 외칠 수

있기를....

부처님~

베풀겠습니다. 보시와 방생하고 봉사활동하겠습니다.

미소지어라.

사소한 일에 목숨 걸지 마라.

무념(無念)하라, 들어도 못 듣고, 보아도 못 보고, 구름처럼, 바람처럼...

생멸멸이(生滅滅已)하라.

서두르지 마라.

하나밖에 못한다 해도 정성을 다하라.

일체유위법은 여몽환포영하고 여로역여전하니 응작여시관하라.

항상 행주좌와 어묵동정에 회광반조하라.

올해는 마침내

"이번 생에 진짜로 나를 만났구나, 정말로 대단하구나!"를 외칠 수 있기를...

# 이번 해에 <10대 발원문>

1. 공부 완성
지금까지 공부한 것을 책으로 출간하여 보시하라.

2. 심신조복과 항복기심
자신에게 심신조복하고 인연에게 항복기심하라.

3. 감사 보시
인연에게 감사하고 만나는 사람에게 보시하라.

4. 업장소멸
내가 하기 싫은 것, 장애가 곧 나의 업이니 모든 일을 무조
건 받아들여라.

5. 행주좌와 어묵동정 항시 사띠
순경계 좋은 일에 심장의 흔들림을 관하고 역경계에 심장
의 흔들림을 관하고
탐진치에 심장의 흔들림을 관하고 지나간 일은 회광반조

하라. 항상 깨어있으라.

6. 일상수행 일심수행
108배, 독경(관세음보살보문품, 대불정능엄신주, 자비도
량참법), 등산, 사경, 산책, 요가, 명상으로 하루를 마무리
하라.

7. 방학 기간 집중수행
거창 붓다선원, 제따와나선원, 보디야나선원, 김해 사띠스
쿨(붓다팔라) 등

8. 덕인행 보현행
보현행 보시, 봉사(80시간 채우기), 방생(특히 연말에는
광명원, 혜민원 등등)

9. 경전 독송
청정도론 구입, 만트라 암송(미덕감사행)

10. 만행(萬行) 미얀마 수행처, 카일라스, 지리산 정봉무
무스님 친견 등

# <후기>

  지난 세월 동안 불법을 공부하면서 기록했던 노트를 정리
해보았습니다.

  혹시나 수행을 하면서 어려움을 겪는 이가

  읽고 힘을 얻게 되기를 바라는 마음으로 책을 내게 되었습
니다.

  이 책의 인연으로 이번 생에 수행공덕 지으며,

  윤회의 고통에서 벗어날 수 있기를 바랍니다.

  진심으로 감사드립니다.

  그리고 한국불교의 거목이신 통도사 반야암의 대종사 지
안스님께서 추천서를 써주셔서 영광이며, 늘 자비심으로 대
해주시는 대흥사의 덕행스님 진심으로 감사합니다. 끝으로
필자의 졸고를 출판해 주신 도서출판도반과 직원분들께 감
사의 말씀을 드립니다.

일체의 중생이 고통에서  벗어나기를
일체의 중생이 번뇌에서 벗어나기를
일체의 중생이 편안하고 행복하기를
그리고 이번 생에 윤회의 고통에서 벗어나기를


2021년 가을에 지광 합장

# <격려사>
## 사랑하는 아내에게

책을 발간한다니 기분이 참으로 좋습니다.

역시 당신이 최고!

앞으로도 잘 해 나갈 것이라 믿습니다.

이제까지 살면서 수많은 만남과 일, 그리고 어려운 상황들도 여러 번 겪었는데 과연 '이것들은 우연인가 필연인가?'라는 생각이 들 때도 있었지만, 어느 때부터는 모든 것은 인과에 의한 것이고 잘되는 것은 부처님의 은혜라 생각하게 되었습니다.

수년 전 우리 부부가 만난 것도, 결혼하여 27년을 같이 살아온 것도, 학구적인 아내가 직장생활을 하면서 틈만 나면 절하고 공부하고 수행한 것도, 오늘에 이르러 드디어 나름대로 느끼고 깨달은 글들을 모아 책으로 내게 된 것도 다 본인의 노력과 부처님 덕분이라 생각하고 있습니다.

인생이란 배우고 깨닫는 과정, 죄를 씻고 보시 공덕을 짓는 기회, 사랑 자비를 실천하는 여정 등으로 정의내릴 수 있다고 봅니다. 물론 원효는 일찍이 인생이 꿈인 것을 깨달으라고 말씀하셨습니다. 저는 여기에 하나 더 첨가하여 인생은 메아리라고 말하고 싶습니다. 자기가 한 대로 돌아오기 때문입니다. 그래서 자업자득을 항시 생각하며 살고 있습니다. 이번 일도 아내에게 그동안 알게 모르게 도움을 주었기 때문에 이렇게 글을 쓸 수 있는 영광이 생긴 것이라 생각합니다. 그래서 여기에 짧게나마 저의 수행에 대해 적게 되었습니다.

집사람은 천사입니다. 실제로 착합니다. 실제 생일도 10월 4일입니다. 그래서 숫자로 나열하면 1004가 되기 때문에 우리 가족들은 천사라고 부릅니다.

집사람의 장점을 하나만 들라고 한다면 넘버원이 잘 웃고 긍정적 사고를 한다는 점입니다. 저의 부족한 점이기도 하기에 저는 닮으려고 노력하고 있습니다. 누구나 운명이 있고 장단점이 있기에 서로 보완해 주며 상대를 인정 존중하며 사는 것이 가정화목의 바탕이라 생각합니다.

좋은 생각이 좋은 행동을 하게 하고, 좋은 행동은 또 좋은 삶을 살게 합니다. 그래서 가급적이면 사람은 좋은 환경에서 살고 좋은 점을 자꾸 보며 사는 것이 바람직합니다. 아름다운 눈과 바르고 좋은 마음에는 당연히 좋은 것이 보이지요. 궁극적으로는 이 세상이 화엄세계이고 모두가 부처님이라 보게 되겠죠. 하심 참회 감사의 마음으로 저는 수년 전부터 잠자리에서 일어나자마자 그 자리에서 가족을 향해 3배를 하고 하루를 시작합니다. 누구에게도 이야기하지 않았는데 여기에 처음으로 밝힙니다. 그래서 그런지 아내도 시간만 있으면 108배를 하고 나에게 더 잘 대해 주는 것 같습니다.

누가 어디서 어떤 일을 하든지 간에 자기 마음에 있는 중생심을 얼마나 버리느냐가 관건이라 저는 생각하고 있습니다. 이것은 자기 마음에 상처나 아픔 그리고 흐린 마음과 욕심을 얼마나 없애고 깨끗한지, 맑고 밝은 마음으로 바른 눈을 가지고 8정도를 잘 실천하고 있는지를 말합니다. 잠시 방심하는 순간에도 마음에는 잡초가 생깁니다. 눈만 뜨면 더 가지려 하고 덜 빼앗기려고 하며, 남보다 더 높이 올라가고 더 좋은 자리를 차지하려고 하는 마음으로는 함께 잘 사는 불국토는 요원합니다.

석가모니부처님이 위대한 이유는 그가 가장 크게 버린 사람이며, 한 번도 화를 내지 않았기 때문이라고 합니다. 동양의 위대한 사상가인 공자도 인류의 숙제로 물욕을 경계해야 한다고 일찍이 말했습니다. 따라서 저는 참고 자제하고 자족 만족하는 것이 행복해지는 필요 요인이라 생각하고 있습니다.

아시다시피 부처님께서는 금강경에서도 색(色)과 상(相)을 여의라는 말씀을 여러 번 하셨습니다. 우리가 얼마나 물욕을 놓고 아상 아견에서 벗어나 무아 무심으로 불심(보리심)으로 가느냐가 핵심이라고 봅니다.


우리 부부는 추구하는 방향과 생각이 비슷하기에 앞으로도 서로 도우며 계속 공부와 수행을 하고, 수미산뿐 아니라 인도 성지순례도 하며, 형편이 되는 대로 세계 곳곳의 아름다운 대자연도 즐기며, 지혜와 자비로 남에게 보시도 더 하며 행복하게 살고자 합니다.


저는 인간의 변화·발전 가능성을 무한히 믿고 있으며, 또한 누구나 일신우일신(日新又日新) 해야 한다고 생각하고 있습니다. 그리고 모든 존재들의 생명은 그 자체로 다 귀하기에 모두가 존중받고 행복하기를 진심으로 바라고 있습니다.

마지막으로 저의 평소 마음가짐 3가지를 말씀드리고 끝을 맺고자 합니다.

첫째, 순간순간 하심 감사한다.

둘째, 자주 참회 용서한다.

셋째, 항시 보시하고 염불한다.


모든 불보살님께 감사드립니다.

당신께도 다시 한번 더 고맙다고 말하고 싶습니다.

이 자리를 빌어 대자연과 조상님과 부모님께도 감사드립니다.

부부가 도반으로 친구로 선지식인으로서 성불하는 그날까지 행복합시다!

2021. 9. 서늘한 바람이 부는 초가을의 어느 날에

사랑하는 남편 씀.

# 이번 생에 행복한 수행자

발행일      2021년 10월 13일
지은이      지광
펴낸곳      도서출판 도반
펴낸이      김광호
편집        김광호, 최명숙, 이상미
대표전화    031-465-1285
이메일      dobanbooks@naver.com
주소        경기도 안양시 만안구 안양로 332번길 32